Durch Dankbarkeit bekräftigen wir
die guten Dinge des Lebens
und finden so zu neuer Kraft.

HAZELDEN MEDITATIONSBÜCHER

MELODY BEATTIE

Die Kraft zu neuem Leben

WILHELM HEYNE VERLAG
MÜNCHEN

Titel der amerikanischen Originalausgabe:
GRATITUDE. Affirming the Good Things in Life

Ins Deutsche übertragen von Gabriel Stein

Über die Autorin:

Melody Beattie ist die Verfasserin von
Die Sucht, gebraucht zu werden; Unabhängig sein; Kraft zum Loslassen und *Mut zur Unabhängigkeit*
(alle erschienen im Wilhelm Heyne Verlag).
Sie lebt in Minneapolis, Minnesota, USA.

Die Originalausgabe erschien im Verlag Hazelden Foundation,
Center City, Minnesota, USA

Umschlaggestaltung: Atelier Ingrid Schütz, München
Herstellung: D. F. Walter
Satz: Schaber Datentechnik, Wels
Druck und Bindung: RMO-Druck, München
Printed in Germany

ISBN 3-453-06924-2

DIE KRAFT
ZU NEUEM LEBEN

Einleitung

Manchmal geht im Leben alles viel zu schnell. Kaum haben wir ein Problem gelöst, tauchen schon zwei neue auf. Morgens fühlen wir uns noch großartig, aber abends versinken wir dann in Kummer und Schmerz.

Jeden Tag sind wir mit Störungen, Verspätungen, Veränderungen und Herausforderungen konfrontiert. Wir haben Probleme mit uns selbst und erleben Enttäuschungen. Wenn wir uns derart überfordert fühlen, erkennen wir oft nicht, welche Lehren diese Erfahrungen für uns bereithalten.

Durch einen ganz einfachen Leitgedanken, der sich in einer ebenso einfachen Grundhaltung widerspiegelt, können wir selbst anstrengendste Phasen heil überstehen: durch *Dankbarkeit* nämlich. Wir lernen, uns für die eigenen Schwierigkeiten und Gefühle zu *bedanken*. Wir sagen *danke* dafür, daß die Dinge so sind, wie sie sind. Vielleicht würden wir auf diese oder jene Erfahrung gerne verzichten, aber trotzdem: *danke.*

Mit Hilfe der Dankbarkeit wird die Fülle des Lebens offenbar. Sie beseitigt innere und äußere Mißklänge. Sie zeigt uns, daß das, was wir haben, ausreicht, ja mehr als genug ist. Sie verwandelt die Verdrängungsmechanismen in eine bejahende Einstellung, das Chaos in Ordnung, die Verwirrung in Klarheit. Sie kann aus einer kleinen Mahlzeit ein Festessen, aus einem unwohnlichen Haus ein Heim, aus einem Fremden einen Freund machen. Sie bewirkt, daß Probleme als Geschenke und Fehlschläge als Erfolge bewertet werden, daß aus unvorhergesehenen Ereignissen solche werden, die gerade zur rechten Zeit eintreten, und aus bedauerlichen Irrtümern wichtige Erfahrungen. So entpuppt sich ein scheinbar armseliges Dasein als das wahre Leben, und zusammenhanglose Situationen haben schließlich genauso wichtige wie nützliche Lektionen zur Folge. Die Dankbarkeit verleiht unserer Vergangenheit einen Sinn, schafft Frieden in unserer Gegenwart und formt unsere Vorstellungen von der Zukunft.

Im folgenden Text, der auf prägnante Darstellung genauso abzielt wie auf meditative Versenkung, werden Sie sehen, wie jemand, der sich für benachteiligt hält, alles Gute herabmindert oder gar zunichte macht, und wie ein anderer, der dankbar ist, aus allem noch mehr »herausholt«. Sie werden verstehen, wie man positive Botschaften, die der Selbstbestätigung dienen, einsetzt, um das Gefühl des Benachteiligtseins gleichsam umzumünzen in die Gewißheit, das Beste verdient zu haben. Am Ende werden Sie dann feststellen, daß Ihnen immer größere Wohltaten zuteil werden, wenn Sie auf jene grundlegenden menschlichen Fähigkeiten bauen: auf den fürsorglichen Umgang mit sich selbst und die Bereitschaft, gewisse Gegebenheiten zu akzeptieren, auf zielbewußtes Handeln und rege Kommunikation — sowie auf den Mut zur Entscheidung.

Die Dankbarkeit läßt aus negativen Schwingungen positive Energie entstehen. Wir beginnen ganz einfach an jenem Punkt unserer inneren Entwicklung, den wir *heute* erreicht haben, sowie mit jenen Mitteln, über die wir *heute* verfügen, werden dankbar und sehen dann zu, wie diese Haltung ganz von selbst ihre wundersamen Wirkungen entfaltet. Kein Zustand, kein Begleitumstand ist so unbedeutend oder so überwältigend, daß er nicht durch die Macht der Dankbarkeit beeinflußt werden könnte. Dieses Buch soll Sie an diese große humane Kraft erinnern.

Wie man der Dankbarkeit zum Durchbruch verhilft

Viele von uns wurden als Kinder benachteiligt und haben dieses Gefühl ins Erwachsenenalter »übernommen«. Entbehrung und Entzug erzeugen eine von Mangel und Verlust geprägte Denkweise. Und diese wiederum bewirkt, daß wir tatsächlich andauernd den kürzeren ziehen. Der Teufelskreis ist geschlossen.

Wir wissen, wie schnell man in der zwanghaften Vorstellung befangen ist, die eigenen Mittel und Möglichkeiten seien knapp bemessen. *Da draußen herrscht Überfluß an schönen Dingen, aber für mich ist nicht genug da.* Verzweifelt strampeln wir uns dann vielleicht ab, um alles Erreichbare in die Finger zu bekommen und krampfhaft daran festzuhalten — ganz egal, ob wir diese Dinge überhaupt wollen und ob sie uns nützen oder nicht. Es kann auch sein, daß wir auf jene Menschen, die unserer Ansicht nach »genug haben«, böse und eifersüchtig sind. Unter Umständen horten wir sogar unsere Besitztümer und versagen uns jede Freude an ihnen — aus Angst, sie könnten dadurch aufgebraucht werden. Oder aber wir strecken die Waffen und begnügen uns mit noch weniger. Unser Verlustgefühl wird quasi zur Gewohnheit. Dann fühlen wir uns auch weiterhin ängstlich und benachteiligt, selbst wenn es, objektiv gesehen, gar keinen Grund dazu gibt.

Nehmen Sie Ihre Überzeugungen einmal unter die Lupe

Wir können in ganz unterschiedlicher Weise auf frühere Deprivationen reagieren. Vielleicht beharren wir darauf, daß das Leben im allgemeinen oder dieser Mensch im besonderen all das wiedergutmachen oder ersetzen soll, was wir erleiden oder entbehren mußten. Damit verhalten wir uns jedoch äußerst unfair, und darüber hinaus machen solche Erwartungen oft die Wohltaten zunichte, welche uns der heutige Tag beschert.

Negative Denkmuster, in denen die eigene Benachteiligung eine große Rolle spielt, führen dazu, daß die Dinge vor unseren Augen regelrecht verschwinden. Wir murren über das halbleere Glas Wasser und sind dabei derart fixiert auf das, was uns fehlt, daß wir auch alles, was wir haben, nicht mehr zu schätzen wissen — das halbvolle Glas Wasser, das Glas selbst, die Tatsache, daß wir leben und gesund genug sind, überhaupt Wasser zu trinken. Wir bekommen solche Angst, es könnte vielleicht kein Wasser mehr geben, oder sind so verdrossen, weil dieses Glas nur halb voll ist, daß wir nicht einmal einen kleinen Schluck nehmen. Lieber lassen wir das Glas auf dem Tisch stehen, bis das Wasser verdunstet ist. Dann haben wir wirklich nichts mehr, und eben das haben wir ja schon von Anfang an gewußt. Aber damit täuschen wir uns nur selbst! Denn wenn wir durstig sind, können wir das Wasser ruhig trinken, hernach zum Wasserhahn gehen und das Glas erneut füllen.

Die schwerwiegendste Konsequenz eines entbehrungsreichen Lebens besteht sicherlich darin, daß wir irgendwann zu dem Schluß kommen, die erfreulichen und angenehmen Dinge nicht verdient zu haben. Das ist natürlich falsch, aber wir gehen fest davon aus, daß es stimmt. Das heißt: Wir werden genau so viel erhalten, wie uns gemäß unserer tiefinneren Überzeugung zusteht.

Diese nachteiligen Gedanken, die immerzu um Mangelgefühle kreisen, verhindern nicht nur, daß wir die schönen Seiten unseres jetzigen Lebens wahrnehmen, sondern daß uns überhaupt etwas Positives widerfährt. Es schmerzt, schlechter behandelt zu werden als andere. Es tut weh, durchs Leben zu gehen im Glauben, es sei nicht genug für einen da. Es ist schlimm, wenn man davon überzeugt ist, rein gar nichts verdient zu haben. Hören Sie auf damit. Hier und heute. Sagen Sie sich: *Es ist genug vorhanden.* Alles, was Sie brauchen, steht Ihnen zur Verfügung — und auch für Ihren Nachbarn ist noch genug da. Flüstern Sie leise vor sich hin: *Ich habe ein Anrecht darauf, daß es mir gutgeht.* Ja, Sie haben das Beste verdient, was immer das jeweils sein mag. Sie können nun damit anfangen, sich diese Tatsache immer wieder klarzumachen.

Machen Sie mehr aus dem, was Sie haben

Wenn man sich zurückgesetzt fühlt, verliert das Gute beständig an Wert, ja schlimmer noch: Es löst sich in Nichts auf. Wenn man dagegen Dankbarkeit empfindet, wird aus allem mehr.

Vor vielen Jahren träumte ich davon, daß ich heiraten und Kinder großziehen würde, daß ich ein eigenes Haus hätte, ein herrliches Heim, das dann sozusagen unser kleines Schloß wäre. Ich wollte einige von den Dingen, die andere Leute besaßen. Ich wünschte mir die »ganz normalen Sachen«, was immer das heißen mochte.

Und es sah so aus, als würde ich das alles tatsächlich auch bekommen. Ich heiratete, wurde schwanger und brachte ein Mädchen zur Welt. Jetzt brauchte ich nur noch das Haus. Wir schauten uns alle möglichen Villen an — die richtig großen und die etwas kleineren. Das Haus, das wir schließlich kauften, gehörte in keine der beiden Kategorien — aber wir konnten es uns leisten.

Es war fünfzehn Jahre lang vermietet gewesen und hatte ein Jahr leer gestanden. In allen drei Stockwerken waren die Fensterscheiben kaputt, und das Holz hatte tiefe Risse. Auf einigen Zimmerwänden klebten zehn Schichten Tapete. Hier und dort taten sich Löcher auf, durch die man direkt ins Freie sehen konnte. Auf den Fußböden lagen Teppiche in grellem Orange und mit großen Schmutzflecken. Aber wir verfügten weder über die finanziellen Mittel noch über die handwerklichen Fähigkeiten, um diese Schäden zu beseitigen. Wir hatten einfach kein Geld für Fenster, Vorhänge, Farbe. Wir konnten uns auch keine Möbel leisten. Wir besaßen nichts als ein dreistöckiges, baufälliges Haus mit einem Küchentisch, zwei Stühlen, einem Kindersitz, einem großen und einem kleinen Bett und zwei Kommoden, wobei die Schubladen der einen defekt waren.

Etwa zwei Wochen nach dem Einzug kam eine Freundin bei uns vorbei. Wir standen da und unterhielten uns darüber, wie der Rasen wohl aussähe, wenn an der kahlen Stelle wirklich frisches Gras wachsen würde. Und sie sagte immer wieder, wie glücklich ich mich schätzen könne und wie wunderbar es sei, ein eigenes Haus zu haben. Aber ich fühlte mich überhaupt nicht glücklich. Ich kannte niemanden, der ein solches Haus sein eigen nannte.

Ich sprach nicht oft über meine Gefühle, aber jede Nacht, wenn mein Mann und meine Tochter schliefen, ging ich auf Zehenspitzen ins Wohnzimmer hinunter, setzte mich auf den Fußboden und weinte. Dieser Vorgang entwickelte sich gewissermaßen zu einem Ritual. Sobald die anderen schliefen, saß ich in der Mitte des dunklen Raumes, dachte über all das nach, was mir an diesem Haus zuwider war, vergoß Tränen und ließ alle Hoffnungen fahren. So ging das monatelang. Wie berechtigt meine Reaktion auch gewesen sein mag: Sie änderte rein gar nichts.

Einige Male versuchte ich verzweifelt, das Haus in Ordnung zu bringen, aber nichts funktionierte. Einen Tag vor dem Erntedankfest machte ich mich daran, die Wände des Wohn- und Eßzimmers zu streichen. Aber die einzelnen Tapetenschichten lösten sich ab, sobald ich die Farbe auftrug. Kurze Zeit später bestellte ich teure Tapeten und vertraute darauf, daß ich bis zu ihrer Lieferung das nötige Geld schon auftreiben würde. Auch das war ein Irrtum.

Als ich eines Abends dann wieder allein auf dem Boden hockte und meine Klagen vorbrachte, kam mir plötzlich der Gedanke: *Warum probierst du es nicht mal mit Dankbarkeit?*

Ich verwarf ihn gleich wieder. Dankbar zu sein war völlig absurd. Wofür konnte ich mich denn bedanken? Wie wäre das überhaupt zu bewerkstelligen gewesen? Und warum in aller Welt hätte ich es tun sollen? Dann entschloß ich mich, trotzdem einen Versuch in dieser Richtung zu unternehmen. Ich hatte ja nichts zu verlieren. Und ich war meines ständigen Gejammers allmählich überdrüssig.

Erkennen Sie an, was Sie haben

Ich war mir immer noch nicht ganz sicher, wofür ich mich eigentlich bedanken sollte, also bedankte ich mich einfach für alles. Ich *empfand* keine Dankbarkeit, sondern wünschte sie herbei, erzwang sie, täuschte sie vor. Ich tat so, als ob, und trieb mich dazu an, von Dank erfüllte Gedanken zu hegen. Als mir wieder die vielen sich ablösenden Tapetenschichten einfielen, dankte ich Gott. Ich dankte Ihm für alles, was ich an dem Haus haßte, und dafür, daß Er es mir zur Verfügung gestellt hatte. Ich dankte Gott dafür, daß ich am Leben war, und sogar dafür, daß ich das Haus haßte. Jeder negative Gedanke über dieses Gemäuer wurde mit einem dankbaren Gedanken beantwortet.

Vielleicht war diese Reaktion nicht halbwegs so begreiflich wie mein Verdruß, aber sie erwies sich als viel effektiver. Und nachdem ich drei oder vier Monate lang eine dankbare Haltung praktiziert hatte, traten dann auch die ersten Veränderungen ein.

Meine Einstellung änderte sich. Ich verbrachte meine Nächte nicht mehr weinend auf dem Fußboden des Wohnzimmers, sondern fing an, das Haus, so wie es war, zu akzeptieren. Allmählich kümmerte ich mich darum, als wäre es ein Traumhaus. Ich verhielt mich so, als entspräche es meinen sehnlichsten

Wünschen, und hielt es so sauber und ordentlich wie nur möglich.

Dann dachte ich etwas genauer nach: Wenn ich zuerst die alten Tapetenschichten entfernte, würde vielleicht auch die Farbe halten. An einigen Stellen riß ich den orangefarbenen Teppich weg und stellte fest, daß der Boden überall aus massiver Eiche war. Ich stöberte in einigen Schachteln, die ich bereits verräumt hatte, und entdeckte alte Spitzengardinen, die genau zu den Fenstern paßten. Im Rahmen eines gemeinnützigen Programms stieß ich auf ganz passable Tapetenreste, die nicht mehr als einen Dollar pro Rolle kosteten. Ich informierte mich über sogenannte Strukturfarben, durch die man alte, rissige Wände abdecken und verschönern kann. Ich kam zu der Auffassung, daß ich mir, wenn ich nicht weiter wußte, das erforderliche Wissen aneignen konnte. Meine Mutter bot sich an, beim Tapezieren mitzuhelfen. Alles, was ich brauchte, wurde mir zuteil.

Neun Monate später hatte ich ein wunderbares Heim. Die Böden aus Eichenholz glänzten im ganzen Haus. Die mit ländlichen Motiven bedruckten Tapeten und die beinahe reliefartigen Oberflächen der weißen Wände kontrastierten aufs schönste mit den dunklen, verschnörkelten Holzarbeiten, die jedes Zimmer schmückten.

Wann immer ich auf Probleme stieß — zum Beispiel fehlte beim Küchenschrank die Hälfte der Türen, und ich hatte kein Geld, um den Tischler kommen zu lassen —, entschied ich mich für eine dankbare Einstellung. Relativ bald ergab sich dann die Lösung, was in diesem Fall hieß: alle Türen herausreißen, um so eine offene Küchen-Anrichte im Landhausstil zu haben.

Ich arbeitete unermüdlich, und nach einiger Zeit standen mir drei wohnliche Stockwerke in einem herrlichen Haus zur Verfügung. Es war nicht perfekt, aber es war meines, und ich fühlte mich sehr wohl darin. Ja, ich war stolz, dort zu leben, und wirklich dankbar. Ich liebte dieses Zuhause.

Nicht viel später kamen auch immer mehr Möbel hinzu. Ich lernte, hier und dort einzelne Stücke zum Preis von fünf oder zehn Dollar sorgfältig auszuwählen, über die Kratzer und

Risse Spitzendeckchen zu breiten und die schadhaften Teile zu restaurieren. Ich brachte mir bei, aus fast nichts etwas hervorzuzaubern, anstatt das Wenige zunichte zu machen.

Seither hatte ich vielfach Gelegenheit, das Prinzip Dankbarkeit in die Tat umzusetzen. Es hat mich nie enttäuscht. Entweder ändere ich *mich* oder *meine Lebensumstände* — oder beides.

Sie haben das Beste verdient

»Aber du kannst dir gar nicht vorstellen, wie sehr ich benachteiligt bin«, sagen die Leute. »Du weißt ja gar nicht, auf was ich alles verzichten mußte. Du machst dir keinen Begriff davon, welche Schwierigkeiten ich gerade habe. Du ahnst ja nicht, was es heißt, überhaupt nichts zu besitzen!«

Doch, ich bin mir darüber sehr wohl im klaren. Und ich kann mit Sicherheit sagen: Die Lösung für diese Probleme liegt in einer dankbaren Einstellung. Dankbar zu sein für die Dinge, die wir heute haben, heißt nicht, daß wir damit bis in alle Ewigkeit zufrieden sein müssen. Es heißt lediglich, daß wir anerkennen: Alles, was wir im Moment haben, ist zugleich das, was wir haben *sollen.* Es ist von allem genug vorhanden. Wir sind gut genug. Und alles, was wir benötigen, wird uns gegeben. Wir brauchen nicht verzweifelt, ängstlich, neidisch, ärgerlich oder geizig zu sein. Wir müssen uns keine Sorgen darüber machen, was ein anderer besitzt — denn er hat nicht, was uns gehört. Wir sind einzig und allein dazu aufgerufen, jene Güter zu schätzen und sorgsam zu behandeln, die heute unser sind. Das Kunststück besteht darin, von Anfang an dankbar zu sein — also *bevor* wir irgend etwas anderes erhalten —, nicht erst später.

Wir müssen fest daran glauben, daß wir das Beste verdienen, was das Leben zu bieten hat. Sonst müssen wir erst einmal unsere Überzeugungen hinsichtlich dessen, was uns zusteht, ändern. Aber das geschieht nicht über Nacht. Ob es dabei um unsere Beziehungen oder unsere Arbeit, um unser Zuhause oder das liebe Geld geht — meistens vollzieht sich der Wandel in kleinen Schritten. Wir glauben, daß wir in diesem oder jenem Bereich ein wenig mehr verdient haben, dann wieder etwas mehr und immer so weiter. Wir müssen an dem Punkt beginnen, der uns gerade beschäftigt, und die eigenen Überzeugungen in dem Maße ändern, wie es uns möglich ist. Das braucht natürlich seine Zeit.

Der Glaube daran, daß uns angenehme und wünschenswerte Dinge zustehen, ist genauso wichtig wie die Dankbarkeit. Wenn wir eine dankbare Haltung einüben, ohne unsere Auffassung in bezug auf die eigenen Ansprüche zu revidieren, werden wir vielleicht nie das Gefühl los, stets auf der Verliererstraße zu sein.

»Ich verdiente 30 000 Dollar im Jahr und stieg jeden Morgen in mein zehn Jahre altes Auto mit der kaputten Heizung — und dankte Gott dafür. Ich fühlte mich so unendlich dankbar«, erzählt eine Frau. »Meine Kinder forderten mich auf, ein neues Auto zu kaufen, aber ich sagte nein; ich war einfach dankbar für das alte. Als ich dann eines Tages mit jemandem darüber sprach, was man manchmal alles entbehren muß, wurde mir schlagartig bewußt, daß ich mir durchaus einen neuen Wagen leisten konnte, wenn ich nur daran glaubte, ihn auch wirklich verdient zu haben. Mit einem Mal dachte ich anders über die Dinge, die mir ganz einfach zustanden, ging aus dem Haus und kaufte mir ein neues Auto.«

Es gibt Phasen in unserem Leben, da eine gesunde Selbstbeschränkung die eigene Persönlichkeit formen hilft, uns auf bestimmte Projekte vorbereitet oder dazu beiträgt, daß wir, während wir auf ein Ziel hinarbeiten, schlicht und ergreifend »unsere Schulden bezahlen«. Aber diese Art von Entbehrung dient nicht nur einem Zweck, sie hat auch einen Anfang und ein Ende. Viele von uns gehen jedoch zuweit. Unsere »selbstgemachten Mangelerscheinungen« haben weder einen Sinn, noch hören sie irgendwann auf.

Bestätigen Sie sich selbst

Früher dachte ich immer, die Selbstbestätigung, um die es hier geht, sei schlichtweg albern. Inzwischen habe ich jedoch meine Meinung geändert — und mein Leben obendrein. Und ich denke deshalb anders, weil solche positiven Botschaften mir geholfen haben, ein neues Leben zu führen.

Bestätigen heißt: eindeutig zu erkennen geben, fest versichern, beteuern, daß etwas wahr und richtig ist. Der Gedanke, diese Art von Bestätigung unmittelbar auf die eigene Person anzuwenden, ist eng mit einem bestimmten Ausdruck verknüpft — nämlich mit *bevollmächtigt sein,* was soviel bedeutet wie: befähigt sein, in den Stand gesetzt werden, die Genehmigung haben.

Durch die Botschaften, die wir in unserer Herkunftsfamilie empfangen haben, durch all die »Regeln«, nach denen wir leben mußten, durch ständige Beschämungen und Benachteiligungen haben viele von uns eine ganze Reihe negativer Vorstellungen in bezug auf die eigene Person, auf andere Menschen und sogar auf das Leben selbst entwickelt. Wir haben diese Botschaften vielleicht jahrelang nachgesprochen, im Kopf herumgetragen, geglaubt. Unter Umständen haben wir ein strenges Ritual befolgt, um sie gleichsam zu psalmodieren. Wir haben sie so lange wiederholt, bis wir sie schließlich verinnerlicht hatten. Diese negativen Aussagen sind derart tief im Unterbewußtsein verankert, daß sie alle Bereiche unseres täglichen Lebens durchdringen. Sie prägen unsere Grundanschauungen, unsere Auffassungen von Wahrheit — und daher unsere Realität.

Wir können uns jedoch allmählich auch ein »Repertoire« von positiven Vorstellungen über uns selbst, über andere Menschen und über das Leben insgesamt aneignen. Wir können ein genauso strenges Ritual einhalten, um diese neuen Botschaften einzustudieren. Und nichts hindert uns daran, sie so oft zu wiederholen, bis sie verinnerlicht sind. Sobald sie dann im Unterbewußtsein verwurzelt sind, manifestieren sie sich auch in unserem Leben. Sie bestimmen über unsere Grundanschauungen, unsere Auffassungen von Wahrheit — unsere Realität. Dabei sind uns gewisse Formen der Selbstbestätigung eine große Hilfe. Denn sie laden unsere Batterie stets von neuem auf, während wir die negative Energie in uns selbst und in unserem Leben in positive umwandeln.

Wir bejahen uns selbst in dem Maße, wie wir die alten Regeln und Botschaften ändern und mit den eigenen Schamgefühlen fertig werden; wie wir nach und nach erkennen, daß wir uns nicht mehr benachteiligt fühlen müssen, sondern im Gegenteil viel Gutes verdient haben. Wir bestätigen uns, daß die neuen Überzeugungen wahr sind, und gestehen uns selbst mehr Freiraum zu; wir schaffen uns neue Botschaften und erlernen neue Fähigkeiten. Wir bestärken das Positive in uns selbst und im Leben überhaupt. Aber diese Möglichkeiten zur Selbstbestätigung sind nicht nur dem eigenen Gutdünken überlassen — sie sind das A und O eines gesunden Lebens. Stellen Sie sich nur vor, was vorteilhafte Botschaften alles in Gang bringen können, wenn die nachteiligen ein solches Chaos mitverursacht haben!

Dieser Zuspruch, mit dem wir uns selbst Kraft geben, ist weder eine dumme, unbedeutende Redensart noch Ausdruck bloßen Wunschdenkens. Er ist das Gegengift zu diesem ganzen seelischen Müll, von dem wir uns jahrelang ernährt haben. Er macht uns empfänglich für die schönen Dinge, die uns jetzt erwarten und die wir bereits besitzen.

Die Selbstbestätigung trägt dazu bei, eine neue Wirklichkeit zu schaffen

Wenn wir uns des eigenen Wertes immer wieder versichern, ersetzen wir negative Botschaften durch positive: Wir ändern unsere Ausdrucksweise, um dadurch alles neu zu sehen. Wenn wir das Gute in uns selbst betonen und unterstützen, werden wir es nicht nur besser erkennen, sondern auch mehr davon empfangen. Wenn wir das Gute in anderen Menschen zur Entfaltung bringen, sind *wir* die größeren Nutznießer.

Es liegt an uns, die Kraft dafür aufzubringen und die Verantwortung zu übernehmen, daß die eigenen Botschaften und Überzeugungen geändert werden — daß wir uns selbst bejahen und fördern. Zu gewissen Zeiten sind wir vielleicht darauf angewiesen, daß andere diese Aufgabe für uns übernehmen. An den Tiefpunkten meines Lebens gaben mir bestimmte Menschen mein Selbstvertrauen zurück und ermutigten mich: Das war ein Geschenk Gottes. Ich möchte es an andere weitergeben. Aber auch ich brauche weiterhin Menschen, die an mich glauben und mir Kraft schenken. Es ist gut, in dieser Weise einander beizustehen. Und doch machen wir erst dann einen Riesenschritt nach vorn, wenn wir uns selbst die notwendige Energie und Anerkennung zukommen lassen.

Ermächtigen heißt: die Macht auf jemand anderen übertragen. Welchem Menschen oder welcher Sache haben wir Macht über uns eingeräumt? Unserem schrecklichen Aussehen? Unserem abgrundtiefen Schmerz? Den eigenen Problemen? Den Problemen eines anderen? Unserem Mangel an Geld, Zeit, Talent? Den Schattenseiten des Lebens? Nächste Frage: Wollen wir wirklich unsere negativen Vorstellungen weiter nähren, obwohl uns bewußt ist, daß sie dadurch nur noch negativer werden und eine noch schlimmere Realität erzeugen? Haben wir also vor, die Probleme zu unterstützen — oder die Lösungen?

Wenn unsere zwischenmenschlichen Beziehungen nicht funktioniert haben, dann glauben wir oft, daß sie überhaupt sinnlos sind, daß es da draußen überhaupt keine gesunden Menschen mehr gibt und daß wir immer nur ausgenutzt werden. Wir mögen uns darüber lustig machen oder ganz ernsthaft davon sprechen oder solche Gedanken für uns behalten, Tatsache ist: Uns widerfährt genau das, was wir glauben und erwarten. Das heißt, wenn wir ändern wollen, was um uns vorgeht, müssen wir zuerst unsere Überzeugungen und Erwartungen ändern. Zugleich fügen wir uns ins Unvermeidliche — lassen die Vergangenheit auf sich beruhen und akzeptieren die gegenwärtigen Lebensumstände. Aber wir schaffen auch Platz für etwas Neues, damit unser Leben einen anderen Verlauf nehmen kann.

Eine dieser positiven »Beteuerungen« könnte etwa lauten: *Es gibt gute Menschen auf der Welt. Ich fühle mich zu ausgeglichenen, liebevollen Menschen hingezogen, und sie kommen ihrerseits auf mich zu. Gerade bin ich dabei, eine gesunde Beziehung aufzubauen.* Wir sind von diesem Gedanken nicht besessen. Wir warten nicht ständig darauf, daß er sich realisiert. Aber vielleicht können wir uns ganz einfach fünfmal am Tag darauf konzentrieren oder uns gerade dann daran erinnern, wenn ein alter, negativer Gedanke wieder durch den Kopf spukt. Jedenfalls schielen wir nicht auf Ergebnisse, sondern lassen sie auf uns zukommen. Denn es spielt keine große Rolle, ob etwas Bestimmtes heute, morgen oder nächste Woche passiert. Das soll von nun an unsere feste Überzeugung sein. Und wenn etwas geschieht, das nicht so recht zu unserer neuen Überzeugung paßt, so nehmen wir das nicht als Beweis dafür, daß unsere alte Überzeugung doch die richtige war.

Wir wandeln die negativen Regeln und Botschaften, die uns von der Familie aufgezwungen wurden, in positive um. Zum Beispiel denken wir nicht mehr: *Ich bin nicht liebenswert* oder *Ich kann nicht gut auf mich selbst achtgeben,* sondern: *Ich bin liebenswert* und *Ich kann gut auf mich selbst achtgeben.* Wir überwinden die negative Aussage durch eine positive, die zumindest genauso wirkungsvoll ist.

Wenn uns Schamgefühle Probleme bereiten, sollten wir uns vielleicht auf folgende Botschaft konzentrieren: *Es ist durchaus o.k., daß ich so bin, wie ich bin. Ich bin ein guter Mensch, und ich werde allen Ansprüchen gerecht.* Darüber hinaus denken wir jetzt auch anders über das, was uns zusteht. Wir machen uns immer wieder klar, daß die Wahl der Perspektive ganz bei uns liegt. Wenn wir bisher geglaubt haben, es gebe nicht genügend gute Jobs, nette Männer und fähige Frauen, oder es mangle an Geld oder an Liebe, so bekräftigen wir jetzt, daß in diesen Bereichen durchaus kein Mangel herrscht.

Wenn wir uns nun selber gut zureden, besteht das Ziel natürlich nicht darin, jeden negativen Gedanken oder jedes traurige Gefühl ganz aus unserem Leben zu verbannen. Das wäre weder gesund noch wünschenswert. Wir wollen ja nicht zu Robotern werden. Und Traurigkeit und Wut sind manchmal genauso wichtig wie innerer Friede und Glücksgefühle.

Was diese affirmativen Aussagen wirklich bezwecken

Wenn wir uns des eigenen Wertes versichern, heißt das nicht, daß wir die schwierigen Fragen übersehen. Das käme einer Verdrängung gleich. Zwar müssen wir unsere Probleme klar ins Auge fassen, aber doch das meiste Gewicht auf deren Lösung legen. Die Selbstbestätigung, die wir hier anstreben, wird uns nicht vor Problemen bewahren, sondern vielmehr zu deren Lösung beitragen.

Diese Aussagen, anhand deren wir uns und unser Tun gutheißen, sind kein Ersatz für einen klarsichtigen Umgang mit der Realität, die es zu akzeptieren gilt. Sie sind auch kein

Mittel, um Kontrolle auszuüben, sondern sollten stets von einer guten Dosis Schicksalsergebenheit, Spiritualität und innerer Loslösung begleitet sein.

Oft fühlen wir uns unbeholfen und unbehaglich, wenn wir damit beginnen, die negativen Botschaften in positive umzuformen. Vorübergehend wird sich vielleicht sogar alles noch weiter verschlechtern. Am Anfang einer Reinigungsaktion wirkt ja auch ein Zimmer immer besonders schmutzig: Wir ziehen hier und dort die störenden Dinge hervor und fegen die Winkel und Ritzen aus. Dadurch wird die Unordnung erst einmal größer, bis dann schließlich die neue Ordnung Gestalt annimmt.

Es ist ganz normal, daß man sich diesen Aufmunterungen und positiven Gedanken zunächst widersetzt. Wenn man zehn, zwanzig oder dreißig Jahre lang negative Vorstellungen in sich aufgenommen hat, wird einem das Positive natürlich eine Zeitlang seltsam vorkommen. Billigen Sie sich fünf oder sogar zehn Jahre zu, in denen Sie sich genauso gewissenhaft wie nachdrücklich der guten Dinge des

Lebens versichern. Es wird nicht so lange dauern, bis diese tatsächlich auch sichtbar werden, aber lassen Sie sich trotzdem Zeit. Haben Sie Geduld. Geben Sie niemals auf. Gestatten Sie nicht, daß durch irgendwelche auftauchenden Probleme Ihre alten, negativen Denkmuster erneut verstärkt werden.

Wenn Sie die negativen Überzeugungen durch positive ersetzen, werden Sie wahrscheinlich immer wieder auf die Probe gestellt. Sobald ich eine meiner Überzeugungen ändere, kommt es oft vor, daß mein Leben von einer hohen Flutwelle erfaßt wird, die die neue Auffassung wegzuspülen versucht. Es ist, als würde das Leben einem sagen: *Da! Was glaubst du denn nun wirklich?* Lassen Sie den Sturm toben. Halten Sie an Ihren Bestätigungsformeln fest. Sie sollen Ihnen gleichsam als Anker dienen. Wenn das Unwetter vorbei ist, wird Ihnen bewußt sein, daß Sie festen Boden unter den Füßen haben und daß Sie über neue Grundanschauungen verfügen.

Wie man sich selbst hegt und pflegt

Manchmal halten uns die Belastungen und Enttäuschungen des täglichen Lebens davon ab, die kleinen, unscheinbaren Dinge, die es zu bieten hat, zu schätzen — ganz zu schweigen von den wirklich großen Geschenken. Zu diesen gehört unsere Gesundheit, unser Denkvermögen, unser Geist — kurzum unser ganzes Leben. Ja, Ihr Leben ist eine Gabe Gottes. Deshalb ist die Hege und Pflege der eigenen Person ein Ausdruck von Dankbarkeit. Wenn wir achtgeben auf uns selbst, zeigen wir damit, daß wir uns respektieren und schätzen.

Wie lassen wir uns die bestmögliche Pflege angedeihen? Unter all unseren Wissenslücken ist diese hier oft die schmerzlichste. Wenn wir eine solche Art von Fürsorge nie wahrgenommen, erfahren, gefühlt haben, wenn wir nie mit ihr in Berührung gekommen sind, wie sollen wir dann wissen, was sie ist? — Sie ist vor allem eine Einstellung gegenüber uns selbst, die von unbedingter Liebe und bejahender Weltsicht geprägt ist. Ich meine damit: Wir sollten uns selbst so intensiv lieben, daß die positiven Dinge sich unseres Innern bemächtigen, um von dort aus direkt auf das Leben und besonders auf die zwischenmenschlichen Beziehungen überzugreifen. Ich spreche davon, daß wir uns selbst einfach lieben — egal, was passiert oder wohin unser Weg führt.

Schon am Morgen und dann während des ganzen Tages fragen wir uns liebevoll und sanft, was wir uns Gutes tun können und was ein fürsorglicher Umgang mit uns selbst im einzelnen erfordert. Wir ermutigen und unterstützen uns. Wir sagen uns, daß wir es schaffen werden, daß wir unsere Sache gut genug machen und daß am Ende alles gutgeht. Wenn wir einen Fehler begehen, sagen wir uns, daß auch das o.k. ist. Wir halten dann einen Augenblick inne, bis wir unser inneres Gleichgewicht wiedergefunden haben, und fragen uns, ob wir aus diesem Mißgeschick etwas lernen können, ob es eine Möglichkeit gibt, das eigene Verhalten künftig zu ändern, oder ob wir den verursachten Schaden wiedergutmachen müssen.

Wir machen uns klar, daß wir uns selbst lieben und akzeptieren; daß wir ganz besondere, wunderbare Menschen sind; daß wir immer für uns eintreten. Wir geben uns das Gefühl, geborgen zu sein und geliebt zu werden. Wir lassen uns nun selbst all jene herrlichen Dinge zuteil werden, die wir uns früher von jemand anders ersehnt haben.

Wenn *wir* schon nicht daran glauben, liebenswert zu sein, warum sollte dann ein anderer diese Meinung haben? Wenn ich mich nicht für liebenswert halte, kann ich nicht einmal glauben, daß meine Höhere Macht mich liebt. So lasse ich auch die Liebe, die andere mir zeigen, nicht zu. Erst wenn *wir uns* mit Liebe begegnen, sind wir fähig, sie *den Menschen* entgegenzubringen.

Wir hören auf, uns selbst scharf zu kritisieren und herabzusetzen. Statt dessen sind wir ernsthaft bemüht, uns selbst gut zu behandeln und zu loben, denn dadurch kommen unsere besten Eigenschaften zum Vorschein.

»Ich habe mich mein ganzes Leben lang angetrieben«, berichtet Arlene. »Wann immer ich hart arbeite, gebe ich mir den Befehl, noch mehr zu leisten. Sobald ich müde werde, pusche ich mich noch ein wenig mehr. Ich sage mir all die mißbilligenden Dinge vor — und verhalte mich auch dementsprechend —, wie es schon meine Mutter tat und sich selbst genau wie mir immer wieder vorgehalten hat.«

Arlene war in Sorge, ihre Arbeit würde liegenbleiben, wenn sie sich wirklich einmal Zeit für sich selbst nähme. Sie hatte Angst, sie würde faul und träge werden, sobald sie ihren Bedürfnissen nachgäbe. Trotzdem beschloß sie, sich selbst einmal alle Aufmerksamkeit zukommen zu lassen — und war verblüfft.

»Es war an meinem freien Tag. Ich fühlte mich erschöpft; dennoch zwang ich mich, das Haus sauberzumachen. Plötzlich kam ich zu dem Schluß, daß es vielleicht doch wichtiger wäre, nach *mir selbst* zu schauen. Ich fragte mich, wodurch ich mich besser fühlen würde, und die Antwort lautete: durch ein Nachmittagsschläfchen. Also legte ich mich zwei Stunden hin. Beim Aufwachen hatte ich dann gleich Lust, die Hausarbeit in Angriff zu nehmen. Ich erledigte sie ziemlich schnell und hatte sogar noch Zeit, abends auszugehen. Ein solch sorgsamer Umgang mit mir selbst machte mich überhaupt nicht träge oder untauglich. Im Gegenteil: Ich schöpfte dadurch neue Kraft und war noch leistungsfähiger.«

Diese Art Pflege ist die beste Methode, um neue Energie zu tanken. Wenn wir uns selbst wirklich lieben, akzeptieren und sorgsam behandeln, können wir oft genug ausspannen, um hernach unser Bestes zu geben. Der Vorteil ist, daß wir dann auch fähig sind, den anderen den gleichen Dienst zu erweisen und ihnen dabei zu helfen, sich selbst zu lieben, so daß sie ihrerseits mit einer liebevollen und bejahenden Einstellung auf uns reagieren. Das ist der Beginn einer großen Kettenreaktion.

Sich selbst ohne Vorbehalte lieben und annehmen heißt nicht, das Bedürfnis nach Veränderung und Entwicklung zu verneinen, sondern vielmehr fähig zu werden zu noch mehr Liebe und innerem Wachstum.

Es gibt keine allgemeingültigen Anweisungen dafür, wie man sich am besten hegt und pflegt. Aber wenn wir uns fragen, was zur Besserung unseres Allgemeinzustandes beitragen könnte oder was wir dringend brauchen, und aufmerksam in uns hineinhören, dann werden wir die Antwort schon erfahren.

Wir können eine Lebensform entwickeln, die die Vorstellungen von Fürsorglichkeit gegenüber der eigenen Person und von Selbstdisziplin einschließt und miteinander verbindet. Wir können uns in jeder Hinsicht lieben und verdienen es auch, geliebt zu werden. Wir sind fähig, uns in einer Weise zu disziplinieren, die zu unserem eigenen Besten ist.

Wie man Selbstdisziplin entwickelt

Selbstdisziplin ist wie der fürsorgliche Umgang mit sich selbst ein deutlicher Ausdruck von Dankbarkeit. Wenn wir in positiver Weise an Disziplin gewöhnt sind, dann bauen wir ganz bewußt auf den Dingen auf, die wir bereits besitzen und beherrschen. Zudem handeln wir in der Überzeugung, daß uns das Leben auch weiterhin viel Gutes bescheren wird, wenn wir die eigenen Ziele nur fest im Auge behalten.

Disziplin äußert sich bei jedem anders. Sie kann zum Beispiel darin bestehen, daß man nicht immer über die innersten Gefühle spricht. Manchmal ist das einfach nicht angebracht — oder aber wir müssen damit noch ein bißchen warten. Sie kann auch dazu führen, daß wir an unerfreulichen Tagen, wenn uns völlig unklar ist, ob überhaupt etwas geschieht oder ob unser Weg in der richtigen

Richtung verläuft, Schritt für Schritt ein positives Verhalten praktizieren. Disziplin zeigt sich vor allem auch dadurch, daß wir an Gott und an Seine Liebe glauben, selbst wenn es nicht danach aussieht und selbst wenn wir nicht das Gefühl haben, als würde Er uns wirklich lieben.

Diszipliniert sein heißt: Wir verstehen den Zusammenhang zwischen Ursache und Wirkung und entscheiden uns demnach für solche Verhaltensweisen, die die gewünschten Konsequenzen zeitigen. Disziplin ist gleichbedeutend mit Selbstbeherrschung — allerdings nicht mit jener, die viele von uns früher praktizierten. Er geht dabei eher um eine Art von Kontrolle, die wir einem über alles geliebten Kind beibringen würden, weil uns bewußt ist, daß es im späteren Leben ganz bestimmte Dinge meistern muß, um zufrieden und glücklich zu sein.

Wann werden wir liebenswert sein? Wann werden wir uns sicher fühlen?

Wann werden wir all den Schutz, die Fürsorge und Liebe erhalten, die wir mehr als verdient haben? Die Antwort lautet: Dann, wenn wir anfangen, sie uns selbst zu gewähren.

Bevor ich von jenen positiven Aussagen Gebrauch machte, die weiter oben erörtert wurden, dachte ich gleich nach dem Aufwachen immer als erstes: *O nein. Nicht schon wieder ein neuer Tag.* Von da an ging es weiter bergab, bis ich abends ins Bett fiel, die Augen schloß und leise sagte: *Gott sei Dank, wieder ein Tag geschafft.*

Wenn ich jetzt morgens die Augen aufmache, verweile ich kurz bei folgendem Gedanken: *Dies ist der Tag, den Gott geschaffen hat. Ich will mich an ihm erfreuen und fröhlich sein.*

Kurz darauf spreche ich mein Morgengebet. Während ich meine Zähne putze und mein Make-up auftrage, sage ich mir *laut und deutlich,* daß ich mich liebhabe und gut auf mich achtgebe, daß Gott mich liebt und sich meiner annimmt, daß ich meine Sache gut mache und daß alles, was ich heute brauche, auch zur Verfügung stehen wird.

Während meiner Vormittagspause lese ich in einem Meditationsbuch. Auf meinem Bürotisch stehen verschiedene Karten mit erbaulichen Sprüchen. Zumindest an jedem zweiten Tag spreche ich mit einem einfühlsamen Menschen, um selbst Unterstützung, Ermunterung und Zustimmung zu erhalten und diese auch an ihn weiterzugeben.

Im Verlaufe des Tages füttere ich meinen Geist immer wieder mit positiven Gedanken. Wenn ich mich schäme, sage ich mir, daß ich ganz o.k. bin. Wenn ein ungutes Gefühl wieder auftaucht, gebe ich mir zu verstehen, daß es ratsam ist, die Dinge wirklich zu empfinden. Wenn ich mir Sorgen mache wegen des Geldes, konzentriere ich mich auf diesen Gedanken: *Mein Gott wird entsprechend Seiner herrlichen Reichtümer all meine Bedürfnisse befriedigen.*

Ich vergegenwärtige mir einen positiven Gedanken immer dann, wenn ein negativer, beängstigender Gedanke durch meinen Kopf schießt oder wenn ich sonst voll und ganz mit negativen Botschaften beschäftigt wäre. Wenn ich in Panik gerate oder verzweifelt bin, öffne ich meinen Geist einem wahren Strom positiver Gedanken. Dann verspreche ich mir, daß ich in Sicherheit bin.

Regelmäßig schreibe ich meine Ziele auf. Ich halte fest, was ich meiner Meinung nach verdient habe. Eine Stunde pro Woche höre ich mir Meditations-Kassetten an. Einige Minuten pro Woche stelle ich mir plastisch all die positiven Dinge vor, die ich mir wünsche. Immer wieder bekomme ich therapeutische Massagen, in deren Verlauf ich mir selbst gut zurede. Und stets strebe ich danach, mich für fast alles zu bedanken.

So sieht der routinemäßige Ablauf meines Lebens aus. In besonders anstrengenden Phasen verstärke ich meine Bemühungen. Sollte der Eindruck entstehen, dies alles sei etwas übertrieben, dann ist er falsch. Zu weit getrieben habe ich es in jenen Jahren, da ich nur meine negativen und destruktiven Botschaften wiederkäute.

Verbringen Sie einen oder zwei Tage damit, den eigenen Gedanken wirklich zu lauschen, und Sie werden herausfinden, auf welchen Lebensbereich Sie sich mehr konzentrieren müssen. Achten Sie auf das, was Sie sagen. Nehmen Sie bewußt wahr, welche Probleme und schlechten Eigenschaften Sie bei sich selbst und bei anderen unterstützen. Schauen Sie in den Spiegel, und halten Sie Ihre Gedanken fest. Tun Sie das auch, wenn Sie Rechnungen durchsehen, die bezahlt werden müssen, oder zur Arbeit gehen: Machen Sie sich dann klar, was Sie mit Ihrer Tätigkeit, Ihren Fähigkeiten und Ihrer beruflichen Laufbahn im Sinn haben.

Halten Sie den geliebten Menschen im Arm und vergegenwärtigen Sie sich, was Sie dabei denken. Wie reagieren Sie auf Ihre Probleme? Was sagen Sie zu Ihren Kindern und über Ihre Kinder? Welchen Menschen und Dingen gestatten Sie, Macht über Sie auszuüben? Wofür schaffen Sie Freiräume? Hegen Sie das, was Sie gedeihen lassen möchten? Ändern Sie alles Nötige, und wenden Sie es ins Positive. Erklären Sie Ihren selbstzerstörerischen Denkmustern den totalen Krieg. Festigen Sie den Glauben daran, daß Sie immer weniger benachteiligt werden und immer mehr verdient haben.

Viele von uns haben Jahre damit zugebracht, sich selbst aus dem Leben fast herauszukatapultieren. Jetzt aber können wir lernen, voller Liebe in ein Leben einzutreten, das ganz und gar unser eigenes ist.

Setzen Sie den begonnenen Prozeß fort

Jetzt, da Sie das Prinzip Dankbarkeit verstanden, ihm zum Durchbruch verholfen und dabei eingesehen haben, wie man durch positive Informationen, die man sich selbst gibt, auch positiver denkt und fühlt, ist es wichtig, am Ball zu bleiben und den begonnenen Prozeß fortzusetzen. Auf den folgenden Seiten geht es darum, wie eng die Dankbarkeit mit einer fürsorglichen Einstellung gegenüber sich selbst und einer bejahenden Weltsicht zusammenhängt. Zudem werde ich ausführen, wie sehr uns daran liegen sollte, klare Ziele zu setzen, auf respektvolle Weise mit anderen zu kommunizieren und anstehende Entscheidungen wirklich auch zu treffen, damit uns die schönen Dinge des Lebens in Hülle und Fülle zuteil werden.

Wie man eine fürsorgliche Einstellung gegenüber sich selbst gewinnt

Ich glaube fest daran, daß Gott für alle Menschen aufregende, interessante Dinge bereithält, daß es für jeden von uns ein angenehmes, lohnendes Lebensziel gibt — und daß wir zu einer solchen Einstellung finden, indem wir sorgsam mit uns selbst umgehen. Dann beginnen wir auch, mit anderen zu kooperieren. Wir werden empfänglich für die positiven Werte und Reichtümer, die in uns und für uns verfügbar sind.

Diese fürsorgliche Haltung gegenüber der eigenen Person drückt aus, daß wir für uns selbst verantwortlich und dankbar sind, daß wir diese Einstellung überhaupt praktizieren können. Denn ich trage die Verantwortung für meine wie auch immer geartete Lebensweise, für die Pflege meiner geistigen, gefühlsmäßigen und körperlichen Gesundheit — und dafür, daß meine finanziellen Angelegenheiten im Lot sind. Ich habe die Verantwortung, meine Bedürfnisse zu erkennen und zu befriedigen, meine Probleme zu lösen und zu lernen, selbst mit jenen fertig zu werden, die unlösbar sind. Ich bin darüber hinaus verantwortlich für meine Entscheidungen — und für all jene Dinge, die ich anderen gebe und von ihnen empfange.

Ich bin ferner verantwortlich dafür, daß ich mir nicht nur Ziele setze, sondern sie auch erreiche, und dafür, wieviel Freude ich am Leben habe, wieviel Vergnügen mir die täglichen Aktivitäten schenken. Ich trage Verantwortung für die Wahl meines Partners und für die Art und Weise, wie ich meine Liebe zum Ausdruck bringe. Ich muß die Verantwortung übernehmen für das, was ich anderen antue und was sie mit mir tun dürfen. Nicht zuletzt bin ich auch für meine Bedürfnisse und Sehnsüchte verantwortlich.

Alles an mir, jeder Aspekt meines Daseins, ist wichtig. Ich stelle etwas dar. Ich habe einiges in die Waagschale zu werfen. Meinen Gefühlen kann ich vertrauen. Meine Gedanken sind der Situation immer angemessen. Ich schätze meine Bedürfnisse und Wünsche. Ich habe nicht verdient, daß man mich in irgendeiner Form mißhandelt, und dulde es auch in keinster Weise. Ich besitze bestimmte Rechte, und es liegt in meiner Verantwortung, sie geltend zu machen. Die von mir getroffenen Entscheidungen spiegeln genauso meine hohe Selbstachtung wider wie meine Verhaltensweisen.

Diese Entscheidungen berücksichtigen all die Verpflichtungen, die ich mir selbst gegenüber habe — aber auch gegenüber anderen Menschen: meinem Ehepartner, meinen Kindern, meinen Verwandten und Freunden. Wenn ich Entscheidungen treffe, will ich genau untersuchen und festlegen, worin diese Verpflichtungen im einzelnen bestehen. Auch die Rechte der Menschen meiner Umgebung werde ich respektieren — besonders ihr Recht, so zu leben, wie es ihnen am besten erscheint. Ich bin nicht befugt, anderen das Recht abzusprechen, sich um ihr eigenes Wohlergehen zu kümmern, ebensowenig wie sie das Recht haben, meine diesbezüglichen Rechte anzutasten.

Die Fürsorge, die man sich selbst zukommen läßt, ist im Grunde eine Einstellung, die den gegenseitigen Respekt mit beinhaltet. Sie deutet darauf hin, daß wir unser Leben in verantwortlicher Weise führen und daß wir zugleich den anderen gestatten, ihr Leben so zu verbringen, wie es ihnen gefällt — und zwar unter der Voraussetzung, daß sie ihrerseits nicht unseren Anspruch auf ein eigenes Leben untergraben. Wenn wir achtgeben auf uns selbst, handeln wir nicht so selbstsüchtig, wie einige Leute annehmen, aber auch nicht so selbstlos, wie viele andere glauben.

Ihre Bedürfnisse sind durchaus von Belang

Ich glaube, dieser liebevolle Umgang mit sich selbst ist eine Kunst, die einen fundamentalen, für viele von uns befremdlichen Gedanken involviert: nämlich daß wir uns selbst zukommen lassen, was uns fehlt.

Das mag für uns und die anderen Familienmitglieder zunächst ein Schock sein. Viele von uns bitten nicht um die elementaren Dinge des Lebens. Wir wissen nicht oder haben uns keine großen Gedanken darüber gemacht, was wir eigentlich wollen und brauchen.

Viele von uns haben fälschlicherweise geglaubt, auf die eigenen Bedürfnisse komme es nicht an, und man sollte sie deshalb auch gar nicht erst erwähnen. Einige dachten sogar, diese Bedürfnisse seien schlecht oder fehl am Platze; und so haben wir gelernt, sie zu unterdrücken und aus unserem Bewußtsein zu verbannen. Wir haben uns nicht beigebracht, sie überhaupt einmal zu erkennen und im einzelnen genau wahrzunehmen, weil das ja sowieso unwichtig war. Dadurch blieben sie dann unbefriedigt. Manche haben tatsächlich nie gelernt, wie man die eigenen Mangelgefühle in angemessener Weise abstellen kann.

Es ist nicht schwer, sich selbst die notwendigen Dinge zuteil werden zu lassen. Ich glaube, wir lernen das ziemlich schnell. Das Rezept dazu ist einfach. Egal, in welcher Situation Sie gerade sind — gewinnen Sie inneren

Abstand, und fragen Sie sich: *Was muß ich tun, um für mich selbst Sorge zu tragen?*

Wir müssen in uns hineinhören und unserer Höheren Macht lauschen. Respektieren Sie, was Sie dabei vernehmen. Diese wahnhafte Art und Weise, uns für die eigenen Gedanken, Gefühle und Wünsche zu bestrafen; dieses völlige Fehlverhalten, das uns nicht den Menschen sehen läßt, der wir sind, und das uns nicht hören läßt, was uns das tiefinnere Selbst verzweifelt zu sagen versucht — es muß ein Ende haben.

Welche Mittel benutzt Gott unserer Meinung nach, um uns zu formen und auf den richtigen Weg zu führen? Zum Beispiel gibt Er uns die Fähigkeit, sanft mit uns selbst umzugehen und uns ganz zu akzeptieren. Wir sind nicht einfach bloß Menschen, sondern wurden in der Absicht geschaffen, immer wieder auch menschlich *zu sein* und dementsprechend menschlich *zu reagieren.* Wir können Mitgefühl haben mit uns selbst. Dann werden wir vielleicht auch gegenüber den anderen Menschen ein wahres Mitgefühl entwickeln. Dieses ist, nebenbei gesagt, erneut ein Ausdruck von Dankbarkeit, weil es deutlich zeigt, daß wir das Leben der anderen Person wirklich schätzen und achten. Gerade von jenen Menschen, die unser Mitgefühl erregen, lernen wir oft am meisten.

Hören Sie genau hin, was dieses kostbare Selbst über die eigenen Bedürfnisse zu sagen hat. Vielleicht müssen wir uns ein wenig beeilen, um noch rechtzeitig zu einer Verabredung zu kommen. Oder wir müssen langsamer machen und uns einen Tag freinehmen. Es kann auch sein, daß wir etwas Gymnastik oder ein kurzes Nickerchen brauchen. Unter Umständen müssen wir allein sein und Zeit für uns selbst haben. Oder wir wollen, im Gegenteil, unter Menschen gehen. Möglicherweise brauchen wir Arbeit — oder müssen gerade weniger arbeiten. Vielleicht wollen wir in den Arm genommen und geküßt werden oder den Rükken massiert bekommen. Es mag auch sein, daß wir jemanden bitten müssen, uns diesen kleinen Dienst zu erweisen.

Wenn wir uns selbst geben, was nötig ist, dann machen uns diese Dinge manchmal sogar großen Spaß: ein kleines Extravergnügen, eine neue Frisur, ein neues Paar Schuhe, ein neues Spielzeug, ein Theaterabend oder ein Trip auf die Bahamas. Manchmal ist mit dieser Gabe an uns selbst allerdings auch Arbeit verbunden. Wir müssen zum Beispiel eine bestimmte Charaktereigenschaft loswerden bzw. entwickeln, unsere Beziehungsprobleme lösen oder unseren Verpflichtungen gegenüber anderen Menschen bzw. gegenüber uns selbst nachkommen.

Wenn wir uns zuteil werden lassen, was uns bisher fehlte, machen wir uns nicht nur Geschenke, sondern tun alles Nötige, um verantwortungsbewußt zu leben — also weder mit übertriebenem noch mit vernachlässigtem Verantwortungsgefühl. Durch eine dankbare Einstellung lernen wir, die Verantwortung für uns selbst freudig zu übernehmen und uns dann auf das Gute und Richtige in unserem Leben zu konzentrieren.

Unsere Bedürfnisse ändern sich von einem Augenblick zum nächsten, von einem Tag zum andern. Sind unsere Gedanken negativ und voller Verzweiflung? Vielleicht sollten wir dann ein meditatives oder sonstwie inspirierendes Buch lesen. Machen wir uns Sorgen über ein körperliches Problem? Dann müssen wir unter Umständen einen Arzt aufsuchen. Spielen die Kinder manchmal total verrückt? Nun, so bedarf es vielleicht eines straffen »Familienplanes«, der ihnen mehr Disziplin abverlangt. Treten andere unsere Rechte mit Füßen? Dann müssen wir vielleicht Grenzen setzen. Schlagen uns manche Gefühle direkt auf den Magen? Kann sein, daß es an der Zeit ist, sie einmal wirklich zu bewältigen. Vielleicht müssen wir einfach innerlich Abstand gewinnen und die Dinge langsamer angehen — oder auf einen anderen Menschen zugehen und mit viel Elan eine neue Beziehung beginnen. Wir haben die Wahl. Was also müssen Sie jetzt Ihrer Meinung nach unbedingt tun?

Die Bedürfnisse anderer Menschen

Zusätzlich zu den wichtigen Geschenken, die wir uns jetzt selbst machen, bitten wir auch andere Menschen um das, was wir von ihnen brauchen und bekommen möchten, weil dies ebenfalls Bestandteil eines fürsorglichen Verhaltens gegenüber uns selbst ist. Nur so kann man ein verantwortungsbewußter Mensch werden.

Wenn wir unsere eigenen Bedürfnisse befriedigen, richten wir all unsere Entscheidungen an der Realität aus und beachten dabei außerdem unsere wohlverstandenen Interessen. Wir beachten aber auch, daß wir den anderen gegenüber gewisse Verpflichtungen haben; diese Rücksicht kennzeichnet den verantwortungsbewußten Menschen. Dabei wollen wir aber auf keinen Fall vergessen, daß auch wir zählen. Wir versuchen, konjunktivische Verbformen wie »sollte« oder »könnte« aus unseren Entscheidungsprozessen zu verbannen, und lernen, uns selbst zu vertrauen. Wenn wir uns selbst und der Höheren Macht genau zuhören, werden wir nicht in die Irre geführt. Es bedarf des Glaubens, um sich selbst alles Gute gewähren zu können und zu lernen, wie man unbeirrt in der eigenen Richtung weitergeht. Ja, wir müssen einen starken Glauben haben, um im Leben weiterzukommen. Wir müssen jeden Tag wenigstens ein klein wenig tun, um diese Vorwärtsbewegung zu gewährleisten. Und um hierbei einen Anfang zu machen, ist es immer ratsam, sich eine dankbare Haltung anzueignen.

In dem Maße, wie wir lernen, die eigenen Bedürfnisse zu achten und zu befriedigen, vergeben wir uns auch unsere Fehler und beglückwünschen uns zu unseren Erfolgen. Wir fühlen uns allmählich dankbar für die eigenen Anstrengungen. Zudem kommen wir ganz gut damit zurecht, daß uns einiges völlig mißlingt, anderes nur mittelmäßig gelingt, denn auch das gehört zum Leben. Wir lernen, über uns selbst und unsere Menschlichkeit zu lachen, aber wir lachen nicht, wenn wir eigentlich weinen müssen. Wir nehmen uns selbst ernst — aber auch nicht zu sehr.

Vielleicht erkennen wir am Ende sogar diese verblüffende Wahrheit: Nur *wenige* Situationen im Leben verbessern sich *nicht* dadurch, daß wir sorgsam mit uns selbst umgehen und uns alles Notwendige zukommen lassen. Und so begreifen wir dann, daß tatsächlich die meisten Situationen eine positive

Wendung nehmen, *gerade weil* wir diese Verhaltensweisen an den Tag legen.

Ich weiß jetzt immer genauer, wie ich mir Gutes tun kann. Ich kenne viele Leute, die dies ebenfalls gelernt haben oder die dabei sind, es zu lernen. Ich bin davon überzeugt, daß wir alle dazu imstande sind.

Ständig dieses »Was wäre, wenn …«

Eine meiner häufigsten Spielarten von Selbstquälerei besteht darin, daß ich in einem Dilemma gefangen bin und nicht weiß, welche von zwei Sachen ich tun soll. Ich entscheide mich, zunächst die eine in Angriff zu nehmen. In dem Augenblick, da ich die entsprechenden Schritte unternehme, sage ich mir: *Ich sollte doch die andere Sache machen.* Also schalte ich in den Rückwärtsgang und bewege mich in die entgegengesetzte Richtung. Dann jedoch kritisiere ich mich erneut: *Ich sollte das wirklich nicht tun, sondern vielmehr das, was ich zuerst getan habe.*

Wir finden immer wieder Mittel, uns selbst zu martern: Wir essen zuviel, vernachlässigen unsere Bedürfnisse, vergleichen uns mit anderen, wollen mit ihnen konkurrieren, hegen zwanghafte Gedanken, die schmerzliche Erinnerungen wieder und wieder heraufbeschwören, oder malen uns künftige Qualen aus. Wir denken: *Was wäre, wenn ein Tornado über das Haus hereinbräche? Und was ist, wenn ich plötzlich ohne Arbeit dastehe?* Diese »Was-wäre-wenn-Einstellung« ist bestens dazu geeignet, uns große Angst einzujagen. Erst versetzen wir uns selbst in Schrecken, und dann wundern wir uns, warum wir solche Angst haben.

Wenn solche Gedanken auftauchen, müssen wir sie unbedingt abstellen, und zwar sofort! Dann können wir Geist und Seele etwas Gutes tun und uns entspannen. Wir sagen uns, daß mit uns alles in Ordnung ist und wie sehr es uns freut, gerade *dieser besondere* Mensch zu sein. Wir haben gute Gedanken, und die eigenen Gefühle sind der jeweiligen Situation angemessen. Wir befinden uns heute, in diesem Moment, genau dort, wo wir sein sollen.

Es ist nichts Verkehrtes an uns. Wir sind nicht von Grund auf schlecht. Wenn wir Fehler gemacht haben, dann ist das o.k; wir haben stets versucht, unser Bestes zu geben. Trotz unserer verschiedenen Charakterschwächen sind wir gute Menschen. Wir sind genau so, wie wir sein sollen — und empfinden Dankbarkeit dafür.

Wir können uns selbst und das eigene Leben über alles schätzen. Wir können uns selbst hegen und lieben und unser wunderbares Wesen akzeptieren — mit all seinen Fehlern, Eigenheiten, Stärken, Schwächen, Empfindungen, Gedanken und so fort. Es ist das Beste, was wir besitzen und was immer für uns da ist. Es ist das, was wir sind und was wir sein sollen. Es ist nicht falsch. Wir selbst sind das Größte, was uns je widerfahren wird. Glauben Sie daran. Dadurch wird das Leben viel einfacher.

Ja, wir sind genau richtig und werden allen Ansprüchen gerecht. Wir fügen uns harmonisch ins Leben ein. Besorgnis und Ängstlichkeit kommen nach meiner Überzeugung zum großen Teil daher, daß wir uns ständig weismachen, der Welt und ihren vielfältigen Anforderungen einfach nicht gewachsen zu sein. Meine Botschaft lautet jedoch, daß wir ganz bestimmt mit allem fertig werden können. Entspannen Sie sich. Wohin wir auch gehen, was immer wir auch tun müssen — wir sind tüchtig genug, um die jeweilige Situation zu meistern. Wir werden hervorragende Arbeit leisten. Lehnen Sie sich zurück. Es ist wirklich in Ordnung, so zu sein, wie man ist. Wer oder was könnten wir sonst sein? Wir brauchen nur bei allem, was man von uns verlangt, unser Bestes zu geben. Was können wir mehr tun?

Manchmal sind wir jedoch nicht imstande, unser Bestes zu geben; aber auch das ist verzeihlich. Während wir durchs Leben gehen, haben wir bestimmte Gefühle und Gedanken, Ängste und wunde Punkte, doch damit sind alle Menschen konfrontiert. Wir dürfen uns nicht mehr einreden, wir seien anders, wenn wir uns im Grunde genauso verhalten und fühlen wie jeder andere auch.

Wir müssen uns selbst gut behandeln, müssen mitfühlend und freundlich mit uns selbst umgehen. Wie können wir hoffen, das eigene Wohlbefinden entsprechend zu gewährleisten, wenn wir uns nicht mögen oder gar hassen?

Wir müssen uns selbst schätzen lernen und Entscheidungen treffen, die der eigenen Selbstachtung zuträglich sind. Darüber hinaus müssen wir dankbar sein für all die Wahlmöglichkeiten, die sich uns bieten. Und schließlich müssen wir die vielen guten Entscheidungen anerkennen, die wir bisher schon getroffen haben.

Wir können sanft, liebevoll, aufmerksam und freundlich gegenüber uns selbst sein: gegenüber unseren Gefühlen, Gedanken, Bedürfnissen, Wünschen, Sehnsüchten und allen anderen Wesensmerkmalen. Wir können uns selbst annehmen — und zwar jede Nuance unserer Persönlichkeit. Üben Sie diese Haltung bei der Sache ein, die Sie gerade beschäftigt — und Sie werden zu einem besseren Menschen. Entwickeln Sie Ihre Fähigkeiten und Talente, und seien Sie dankbar für solche Gaben. Haben Sie Vertrauen zu sich selbst. Behaupten Sie sich. Man kann Ihnen vertrauen. Haben Sie Achtung vor sich selbst. Seien Sie sich selbst treu. Ja, begegnen Sie sich mit einem starken Ehrgefühl, denn aus Ihrem Innern beziehen Sie magische Kräfte: Hier liegt *Ihr* Schlüssel zur Welt!

Wir müssen uns selbst lieben und uns selbst verpflichtet sein. Wir müssen uns ein wenig von jener grenzenlosen Loyalität zukommen lassen, die viele von uns allzu bereitwillig den anderen gewähren. Aus einer hohen Selbstachtung entwickeln sich die wahren Gesten der Liebenswürdigkeit und der Nächstenliebe — und gerade nicht die der Selbstsucht.

Die Liebe, die Sie anderen geben und von ihnen empfangen, wird noch gesteigert durch jene Liebe, die Sie sich selbst schenken.

Die Kunst des Akzeptierens

Es gehört wesentlich zu einer dankbaren Einstellung, daß man die Realität akzeptiert. Dem ins Auge zu sehen, *was tatsächlich ist,* und sich damit abzufinden, kommt einer Wohltat gleich. Eine solche Bejahung beschert uns Frieden und markiert oft jenen Wendepunkt, an dem wir dann Veränderungen in die Wege leiten. Aber all das ist leichter gesagt als getan.

Die Menschen stehen dauernd vor der Wahl, ob sie die Umstände und Gegebenheiten des jeweiligen Tages akzeptieren oder ablehnen sollen. Es gibt viele Dinge des alltäglichen Lebens, die wir vom ersten Moment an, da wir morgens die Augen öffnen, bis abends, wenn wir sie wieder schließen, einfach hinnehmen *müssen.* Zum Beispiel die Tatsache, daß wir so sind, wie wir sind, daß wir an diesem Ort leben, daß ein bestimmter Mensch unser Leben teilt oder nicht, daß sich irgendwo in der Nähe oder weiter weg unser Arbeitsplatz befindet, daß wir dieses oder jenes Verkehrsmittel benutzen, über eine gewisse Menge an Geld verfügen, daß wir Verantwortung tragen müssen, unsere Freizeit planen und überhaupt mit unterschiedlichsten Problemen zu tun haben.

An manchen Tagen ist es kinderleicht, diese Umstände zu akzeptieren. Alles läuft wie von selbst. Unsere Frisur ist in Ordnung, die Kinder sind artig, der Chef läßt mit sich reden, das Geld stimmt, das Haus blitzt vor Sauberkeit, das Auto funktioniert, und wir lieben unseren Ehe- und Liebespartner. Wir wissen, was wir erwarten können, und das ist durchaus annehmbar. Ja, es ist wirklich o.k.

An anderen Tagen klappt alles nicht so gut. Beim Auto gehen die Bremsen kaputt, das Hausdach ist undicht, die Kinder sind frech, wir brechen uns einen Arm, verlieren unsere Stelle, oder der geliebte Partner sagt uns, er/sie liebe uns nicht mehr. Irgend etwas muß geschehen sein. Wir haben ein Problem. Alles ist plötzlich anders. Die Dinge wandeln sich. Wir sind im Begriff, etwas sehr Wichtiges *zu verlieren.* Unsere gegenwärtigen Lebensumstände sind längst nicht mehr so angenehm, wie sie einmal waren. Die äußeren Bedingungen haben sich grundlegend geändert, und dadurch stehen wir vor einer vollkommen neuen Situation, die es zu akzeptieren gilt.

Anfangs besteht unsere Reaktion oft darin, die Veränderung, das Problem oder den Verlust zu verdrängen oder uns dagegen zu wehren. Wir wünschen, daß alles auch weiterhin so sein möge, wie es war. Wir dringen darauf, daß das Problem schnell gelöst wird. Wir möchten wieder sorgenfrei leben. Wir wollen wissen, woran wir sind. Wir kommen einfach nicht zur Ruhe. Die Realität ist uns lästig. Wir haben zeitweise sogar unser inneres Gleichgewicht verloren.

Einige von uns mußten vielleicht miterleben, daß ihre Träume und Hoffnungen auf ein besseres Leben zerstört wurden. Andere sind damit konfrontiert, daß eine sehr wichtige Sache gescheitert ist, zum Beispiel ihre Ehe oder eine andere enge Beziehung. Ich weiß: Die Vorstellung, auf den geliebten Menschen oder die Erfüllung langgehegter Wünsche verzichten zu müssen, ist äußerst schmerzlich. Es fehlen uns die Worte, um den eigenen Schmerz zu lindern oder den Kummer besser zu ertragen. Es tut wahnsinnig weh, vor den Trümmern seines Lebens zu stehen.

Dennoch müssen wir uns schließlich in unser Schicksal fügen. Wenn die Dinge je wieder anders werden sollen, müssen wir die Realität akzeptieren. Wenn wir je unsere verschwundenen Träume durch neue ersetzen und wieder unseren geistigen Frieden finden wollen, müssen wir ja sagen zu dem, was *ist*.

Verstehen Sie mich bitte richtig: Diese Hinnahme hat nichts mit Anpassung zu tun. Sie bedeutet auch nicht, daß man resigniert, weil alles so miserabel und traurig ist. *Und sie ist vor allem nicht gleichbedeutend damit, daß man irgendeine Form von Mißhandlung bejaht oder toleriert.* Hinnehmen heißt: Für den Moment erkennen wir unsere Lebensumstände an und akzeptieren uns so, wie wir sind, und die Menschen in unserem Leben so, wie sie sind. Nur in diesem Zustand finden wir die Gemütsruhe und die Fähigkeit, die jeweiligen

Umstände richtig einzuschätzen, die entsprechenden Änderungen herbeizuführen und die eigenen Probleme zu lösen.

Solange wir uns zum Beispiel nicht eingestanden haben, daß man uns malträtiert, werden wir auch nicht die nötige Entscheidung treffen, dies zu unterbinden. Wir können dann nämlich nicht mehr so tun, als würde die Mißhandlung auf wundersame Weise von selbst aufhören. Machen Sie sich also nicht länger vor, es gäbe sie nicht. Und entschuldigen Sie sich nicht mehr dafür, daß Ihnen weh getan wird.

Mit einer bejahenden Einstellung sind wir imstande, auf unsere Umgebung verantwortungsbewußt zu reagieren. Wir erhalten die Kraft, jene Dinge zu ändern, die veränderbar sind. Das kann aber erst dann geschehen, wenn wir unsere Machtlosigkeit gegenüber den Menschen und den Umständen, die wir so verzweifelt zu kontrollieren versuchten, akzeptieren. Diese Bereitschaft, das Gegebene zu bejahen, birgt in sich ein grundlegendes Paradox: Ehe wir uns nicht so akzeptiert haben, wie wir sind, können wir uns auch nicht ändern. Erst wenn wir uns fügen und uns mit gewissen Dingen abgefunden haben, geben wir auch das Bedürfnis auf, uns selbst und den Menschen um uns herum ständig Widerstand zu leisten. Dann steht es uns endlich frei, eine zufriedene und dankbare Haltung zu kultivieren.

Ich habe außerdem die Erfahrung gemacht, daß es Gott widerstrebt, in meine Lebensituation einzugreifen, bevor ich nicht Seine früheren Gaben angenommen habe. Wir akzeptieren etwas nicht für alle Ewigkeit, sondern für den Moment. Aber um diesen zu transzendieren, muß die Bejahung aufrichtig sein und von tief innen kommen.

Der Prozeß des Akzeptierens

Wie erreichen wir diesen friedlichen Zustand? Wie können wir den Blick auf die nackten Tatsachen richten, ohne zu blinzeln oder die Augen zu verschließen? Wie akzeptieren wir all die Verluste, Veränderungen und Probleme, die uns vom Leben und von den Menschen quasi entgegengeschleudert werden? Nicht ohne daß wir auch einmal um uns treten und schreien. In dieser Hinsicht ist die Bereitschaft, etwas hinzunehmen, wie die Dankbarkeit: Wir müssen an ihr arbeiten. Trotzdem ist es unsere Aufgabe, jenen ganz natürlichen inneren Prozeß in Gang zu bringen, der zu einer bejahenden Einstellung führt. Auf den folgenden Seiten werde ich ihn beschreiben.

Wir akzeptieren einen Sachverhalt in fünf Schritten. Elisabeth Kübler-Ross hat diesen Prozeß und seine aufeinanderfolgenden Stufen zuerst bei unheilbar kranken Menschen ausgemacht, die den endgültigen Verlust — den ihres eigenen Lebens nämlich — auf diese Weise akzeptieren. Sie fand dafür den Ausdruck *Trauerprozeß*. Inzwischen haben andere Fachleute, die sich in unterschiedlichen Bereichen mit der geistigen Gesundheit befassen, die Beobachtung gemacht, daß Menschen diese einzelnen Stadien *immer* dann durchlaufen, wenn sie mit einer Art von Verlust konfrontiert sind. Dieser kann ganz unbedeutend sein — eine Rechnung über fünf Dollar, ein Brief, der erwartet wurde, aber nicht ankam. Er kann aber auch gravierend sein — wie der Verlust des Ehepartners durch Scheidung oder Tod, der Verlust des Arbeitsplatzes. Selbst positive Veränderungen, für die wir im Grunde dankbar sind, können ein Verlustgefühl hervorrufen — zum Beispiel dann, wenn wir ein neues Haus kaufen und dafür das alte zurücklassen.

Verdrängung

Das erste Stadium jenes Prozesses, der uns dazu verhelfen soll, die Dinge zu akzeptieren, ist die Verdrängung. Hier erleben wir den Schock, die Betäubung, die Panik. Wir weigern uns generell, die betreffende Situation anzuerkennen, geschweige denn zu bejahen — und tun alles, um sie wieder rückgängig zu machen, oder gaukeln uns vor, sie existiere gar nicht. Diese Stufe ist geprägt von extremer Sorge und Angst. Typische Verdrängungs-Reaktionen sind zum Beispiel: Ich weigere mich, die Wahrheit zu glauben *(Nein, das kann nicht sein!);* oder ich leugne bzw. schmälere die Bedeutung des Verlustes *(Keine große Sache!);* oder ich weiche auf andere Weise aus — durch exzessives Schlafen, zwanghafte Denk- und Verhaltensweisen, pathologische Geschäftigkeit. Wir haben das seltsame Gefühl, von uns selbst abgetrennt zu sein; unsere emotionalen Reaktionen sind stumpf, wie nicht vorhanden, oder ganz einfach unpassend. (Wir lachen, wenn wir weinen sollten, und weinen, wenn wir glücklich sein sollten.)

Jener innerste, instinktive Teil von uns kennt die Wahrheit, aber wir ignorieren ihn ständig und geben ihm zu verstehen: *Du irrst dich. Also sei still.* Der Psychotherapeut Scott Egleston meint, daß wir dann zu der Überzeugung kommen, aufgrund dieses tiefen Mißtrauens stimme grundsätzlich etwas nicht mit uns, worauf wir schließlich unser intuitiv reagierendes Selbst als nicht vertrauenswürdig abqualifizieren.

Die Verdrängung ist das Schreckgespenst des Lebens. Es ist, als läge man im Tiefschlaf. Wir sind uns der eigenen Handlungen überhaupt nicht mehr richtig bewußt. Auf einer bestimmten Ebene glauben wir tatsächlich die Lügen, die *wir uns selbst* erzählen. Aber auch das hat seine Gründe.

Die Verdrängung dient der Seele sozusagen als Stoßdämpfer. Sie ist eine instinktive und natürliche Reaktion auf Schmerz, Verlust und Veränderung. Sie schützt uns und wehrt die Schicksalsschläge so lange ab, bis wir andere Mittel gefunden haben, mit ihnen fertig zu werden. Deshalb brauchen wir uns nicht selbst zu bestrafen, wenn uns die eigenen Verdrängungsmechanismen in einer bestimmten Situation bewußt geworden sind. Vielmehr müssen wir, wenn die Zeit reif ist, einen Schritt nach vorn tun und dankbar sein für die Lektionen, die wir auf unserem Weg lernen.

Wut

Wenn wir das Stadium der Verdrängung hinter uns gebracht haben, treten wir sogleich ins nächste ein, das durch Wut gekennzeichnet ist. Unsere Wut mag berechtigt sein oder nicht: Vielleicht machen wir aus gutem Grund unserem Ärger Luft oder aber lassen auf ganz irrationale Weise unseren Zorn an allem und jedem aus. Es kann sein, daß wir uns selbst, Gott oder irgendeinen Menschen in unserer Nähe für den Verlust verantwortlich machen, den wir erlitten haben. Je nachdem, was uns abhanden kam, sind wir ein bißchen eingeschnappt, ziemlich ungehalten, ausgesprochen wütend oder gefangen in den fast wahnsinnigen Gebärden der Raserei, die uns im Innersten erschüttert.

Deshalb erzielen wir nur selten den gewünschten Effekt, wenn wir jemandem in diesem Zustand etwas klarmachen, wenn wir ihm das Lichte und Schöne nahebringen oder ein ernstes Problem mit ihm besprechen wollen. Wenn wir etwas verdrängt haben, finden wir nicht gleich zu einer bejahenden Einstellung, sondern sind erst einmal wütend. Aus diesem Grunde müssen wir auch sehr vorsichtig sein in bezug auf größere Auseinandersetzungen.

Einen Handel abschließen

Nachdem wir uns beruhigt haben, versuchen wir, mit dem Leben, mit uns selbst, einem anderen Menschen oder sogar mit Gott einen Handel abzuschließen. Wir sagen uns: Wenn wir dieses und jenes tun oder wenn jemand anders gewisse Schritte unternimmt, dann brauchen wir keinen Verlust zu erleiden. Wir wollen das Unvermeidliche nicht aufschieben, sondern irgendwie verhindern, daß es überhaupt eintritt. Manchmal sind dann die Abmachungen, die wir treffen, vernünftig und produktiv: *Wenn meine Frau und ich in die Therapie gehen, wird unsere Ehe gerettet.* Dann wieder sind sie schlicht absurd, wie im Falle dieser Frau, die mit einem Alkoholiker verheiratet ist: *Ich dachte immer, mein Mann würde aufhören zu trinken, wenn ich einfach das Haus sauberer hielte oder diesmal den Kühlschrank gründlicher reinigen würde.*

Depression

Wenn wir erkennen müssen, daß unser Handeln nichts genutzt hat, wenn wir schließlich ganz erschöpft sind von der Anstrengung, die Realität auszusperren, und beschließen, den schrecklichen Schlag, den uns das Schicksal verpaßt hat, einzugestehen, werden wir tieftraurig, manchmal sogar schrecklich verzweifelt. Das ist die Essenz von Kummer und Schmerz: Wir trauern und klagen bis zum äußersten. Genau das haben wir um jeden Preis zu vermeiden gesucht. Aber jetzt ist die Zeit gekommen, in der man weint, weil alles einem weh tut. Dieses Stadium tritt dann ein, wenn wir demütig die Waffen strecken. Und erst dann wird die Depression wieder verschwinden, wenn all das Leid empfunden und verarbeitet worden ist.

Akzeptieren

Nachdem wir unsere Augen verschlossen, nachdem wir um uns getreten, geschrien, verhandelt und endlich den Schmerz gefühlt haben, beginnt die Phase des Akzeptierens.

Wir haben uns mit dem Schicksal ausgesöhnt und sind zur Ruhe gekommen. Plötzlich fühlen wir uns wieder frei! Es bleibt uns überlassen, ob wir jetzt stehenbleiben, weitergehen oder irgendwelche notwendigen Entscheidungen treffen wollen. Wir haben uns mit dem Verlust abgefunden, wie unbedeutend oder schwerwiegend er auch gewesen sein mochte. Er ist zu einem erträglichen Bestandteil unserer gegenwärtigen Situation geworden. Wir werden ganz gut damit fertig, genauso wie mit unserem Leben. Wir haben es neu geordnet und uns darauf eingestellt. Die momentanen Umstände bereiten uns wieder Behagen, und wir sind im Einklang mit uns selbst.

Nicht nur sind wir zufrieden mit den Veränderungen, die wir durchmachen mußten, sondern glauben auch daran, daß sie uns irgendwie gutgetan haben, selbst wenn wir nicht ganz verstehen, in welcher Weise oder weshalb. An diesem Punkt setzt die Dankbarkeit ein. Wir vertrauen darauf, daß alles in Ordnung ist und daß wir durch diese Erfahrung reifer geworden sind. Wir sind fest davon überzeugt, daß unsere gegenwärtigen Umstände in allen Einzelheiten genau so sind, wie sie im Moment sein sollen. Ungeachtet unserer Ängste, Gefühle, Kämpfe und Konfusionen verstehen wir, daß alles im Lot ist, auch wenn uns die tiefere Einsicht fehlt. Wir akzeptieren, was *ist.* Wir beruhigen uns. Wir hören auf, ständig davonzulaufen, uns vor allem zu drücken, Versteckspiele zu ersinnen oder die Dinge zu kontrollieren. Und uns ist vollkommen klar, daß wir nur von diesem Punkt aus in die Zukunft aufbrechen können.

Aufgrund dieser einzelnen Schritte finden

sich die Menschen also mit den Gegebenheiten ab. Einige bezeichnen diesen Vorgang als *Trauerprozeß*. Die Psychotherapeutin Esther Olson spricht vom *Prozeß des Vergebens und Heilens*, und von der *Methode, nach der Gott mit uns arbeitet*. Sie ist nicht besonders angenehm, sondern, im Gegenteil, oft unerfreulich und schmerzhaft. Wir haben das Gefühl, innerlich auseinanderzubrechen. Wann immer dieser Prozeß — egal, wie wir ihn bezeichnen mögen — beginnt, werden wir normalerweise in Angst und Schrecken versetzt. Im Verlauf der einzelnen Phasen fühlen wir uns oft verwirrt, verletzlich, einsam und isoliert. In der Regel stellt sich ein Gefühl von Machtlosigkeit ein — aber auch von Hoffnung, die manchmal jeder Grundlage entbehrt.

Mit der Zeit wird uns dieser Prozeß vertraut. Er dauert vielleicht dreißig Sekunden, wenn uns etwas Geringfügiges abhanden kam; aber unter Umständen einige Jahre oder gar ein Leben lang, wenn der Verlust schwerwiegend ist. Allerdings wird damit nur eine Art Verhaltens*muster* vorgegeben. Wir durchlaufen die einzelnen Stadien vielleicht nicht genau in der Weise, wie ich es hier dargelegt habe. Wir schreiten nicht unbedingt stetig voran, sondern werden ab und zu »rückfällig« oder überspringen eine Stufe. So führt zum Beispiel die Wut-Phase zu erneuten Verdrängungsmechanismen; auf diese folgt vielleicht unmittelbar das Stadium des Handelns, das wiederum in der Verdrängung enden mag.

Egal, wie schnell wir sind und welchen Weg wir einschlagen, um die einzelnen Prüfungen hinter uns zu bringen: Wir *müssen* sie bewältigen. Das ist nicht nur ein normaler Prozeß, sondern ein absolut notwendiger; jedes Teilstück hat seine Bedeutung. Wir müssen die Schicksalsschläge so lange von uns fernhalten, bis wir besser auf sie vorbereitet sind. Wir müssen erst eine Weile wütend sein und die Schuld auf irgend jemanden schieben, ehe diese Gefühle endlich aus uns heraus sind. Wir müssen auch versuchen, günstige Vereinbarungen auszuhandeln. Und wir müssen weinen. Diese Entwicklungsstufen brauchen nicht zwangsläufig über unser Verhalten zu bestimmen, aber wir alle müssen eine jeweils angemessene Zeitspanne in jedem Abschnitt verbringen, um das eigene Wohlergehen und eine endgültig bejahende Einstellung sicherzustellen.

Wir sind robuste Wesen. Doch in vielerlei Hinsicht sind wir auch zerbrechlich. Wir können Veränderungen und Verluste akzeptieren, aber das geschieht unterschiedlich schnell und auf ganz individuelle Weise. Nur wir selbst sind fähig, zusammen mit Gott das eigene Timing festzulegen.

Wir können uns die Erlaubnis geben, diesen Prozeß zu durchlaufen, wann immer unser Leben von Verlust und Veränderung geprägt ist — und sei es auch nur in geringerem Umfang. Gehen Sie sanft mit sich selbst um. Dies ist ein durch und durch anstrengender Prozeß. Er kann Ihre Kräfte aufzehren und Sie aus dem Gleichgewicht bringen. Achten Sie darauf, in welcher Weise Sie die einzelnen Abschnitte meistern, und empfinden Sie all die Gefühle, die sich Ihnen dabei aufdrängen. Sprechen Sie dabei immer wieder mit Menschen, die zuverlässig sind und für den nötigen Trost, die richtige Unterstützung und ein tiefes Verständnis sorgen.

Diskutieren Sie Ihre Probleme aus; gehen Sie alle wichtigen Punkte durch. Mir hilft es immer, Gott für den Verlust — also für meine gegenwärtigen Lebensumstände — zu danken, egal wie ich mich fühle oder was ich darüber denke. Vielen Menschen wird auch durch das sogenannte *Gebet der Gelassenheit* leichter ums Herz.

Gib mir, Gott, die Gelassenheit,
Dinge hinzunehmen, die ich nicht ändern kann,
Den Mut, die Dinge zu ändern, die ich ändern kann,
Und die Weisheit, das eine vom anderen zu unterscheiden.

Wir brauchen uns gar nicht in extremer oder sonstwie unpassender Weise zu verhalten — aber wir müssen diesen Prozeß durchstehen. Andere tun das auch. Wenn wir dessen eigentümliche Bedingungen und Wirkungen tatsächlich begreifen, können wir anderen Menschen mehr Unterstützung gewähren; zugleich empfangen wir die Kraft, darüber zu entscheiden, wie wir jeweils handeln und was wir im Verlauf der einzelnen Stadien für die Pflege unserer geistigen und körperlichen Gesundheit tun werden.

Setzen Sie sich Ihre eigenen Ziele

Glaube daran, daß das Leben lebenswert ist, und dein Glaube wird daraus eine Tatsache machen.
Fürchte dich nicht davor, zu leben.

William James

Sobald wir anfangen, die positiven Seiten des Lebens kennenzulernen, wollen wir natürlich, daß dieser Prozeß auch weitergeht. Das ist genau der Punkt, an dem wir uns Ziele setzen müssen. Dadurch werden magische Kräfte frei. Die Dinge geschehen einfach — und ändern sich wie von selbst. Wir realisieren wichtige Projekte. Ändern *uns*. Begegnen neuen Menschen. Halten uns an interessanten Orten auf. Überstehen schwierige Zeiten mit einem Minimum an Chaos. Lösen unsere Probleme. Unsere Bedürfnisse werden befriedigt, und unsere Wünsche gehen in Erfüllung. Die Träume werden wahr.

Ziele sind nichts anderes als das Resultat aktiver Dankbarkeit. Sie bieten uns Gelegenheit, auf dem aufzubauen, was wir bereits haben. Obwohl es vielleicht lange dauert, bis gewisse Ziele erreicht sind, so können wir doch für jedes Stadium, in dem wir sie setzen und ihnen näherkommen, dankbar sein.

Ich bin ganz überschwenglich, wenn es um neue Zielsetzungen geht, und hoffe, Ihnen meine Begeisterung vermitteln zu können. Nichts auf der ganzen Welt läßt sich damit vergleichen, daß wir dorthin gehen, wo wir sein möchten; daß wir bekommen, was wir uns ersehnen; daß wir ein Problem lösen oder etwas tun, was wir immer schon vorhatten.

Ich unterstelle nicht, daß wir alle Ereignisse unseres Lebens kontrollieren können. Das ist einfach unmöglich. In vielen Dingen haben nicht wir das letzte Wort, sondern Gott. Aber ich glaube, wir können mit dem Guten, dieser positiven Kraft, quasi kooperieren — also Pläne schmieden, Bitten äußern und eine bestimmte Entwicklung in Gang bringen.

Ziele geben uns eine Richtung und einen Zweck vor. Ich setze mich nicht ins Auto, starte und fahre los in der Hoffnung, schon irgendwo anzukommen. Vielmehr beschließe ich, wohin mich mein Weg führen soll, und lenke dann den Wagen in die entsprechende Richtung. In der gleichen Weise versuche ich auch mein Leben zu leben. Manchmal gibt es eben bestimmte Zwischenfälle, und aus vielerlei Gründen komme ich nicht da an, wo ich eigentlich hinwollte. Wenn Probleme auftauchen, die sich meinem Einfluß entziehen, oder wenn ich mich plötzlich umbesinne, handle ich zwangsläufig anders, als ich es vorhatte.

Die genaueren Umstände sowie die Zeitplanung mögen jeweils verschieden sein. Das ist auch gut so. Meistens aber bin ich am Ende besser dran — sowohl was meine äußere Situation als auch meinen inneren Zustand betrifft. An diesem Punkt finde ich dann zu Bejahung und Dankbarkeit, zu Vertrauen und Glauben und lasse einfach los. Zumindest gehe ich so nicht ziellos durchs Leben. Ich erhalte mehr von jenen Dingen, die ich mir immer schon erträumte. Über die Lösung meiner Probleme mache ich mir weniger Gedanken, weil ich sie als Chancen begreife, für die ich dankbar bin. Und ich fange an, meine ureigensten Bedürfnisse und Wünsche näher ins Auge zu fassen.

Ziele machen Spaß. Sie bewirken, daß wir dem Leben mit mehr Anteilnahme und Begeisterung begegnen. Dadurch wird es interessant und manchmal aufregend.

Wenn man sich Ziele setzt und sie auch schriftlich festhält, hat das einen ganz wunderbaren Effekt. Starke psychische, spirituelle und emotionale Kräfte geraten plötzlich in Bewegung. Uns wird bewußt, was wir tun müssen, um gewisse Leistungen zu vollbringen und erfolgreich zu sein. Vieles fällt uns einfach zu. Und auf einmal geschieht wirklich etwas!

Worin bestehen Ihre Ziele? Was soll in Ihrem Leben passieren — diese Woche, diesen Monat, dieses Jahr, in den nächsten fünf Jahren? Welche Probleme möchten Sie gerne lösen? Welche materiellen Dinge würden Sie gerne besitzen? Was möchten Sie bei sich selbst ändern? Was wollen Sie unbedingt in Sachen Karriere unternehmen? Welche Aufgabe würden Sie gerne vollenden?

Ich will hier keinen Vortrag aus dem Lehrbuch halten, um Ihnen vorzuschreiben, wie Sie sich Ihre jeweiligen Ziele setzen sollen. Dennoch bleibt festzuhalten, daß diese Tätigkeit bisher viel zu oft als allzu langweilige Tätigkeit aufgefaßt wurde. Deshalb möchte ich Ihnen im folgenden einige Ideen in dieser Richtung unterbreiten, die vielleicht wichtig für Sie sind. Finden Sie einfach heraus, welche Methode bei Ihnen am besten funktioniert.

Machen Sie aus allem ein Ziel. Wenn Sie ein Problem haben, dann setzen Sie sich das Ziel, eine Lösung herbeizuführen. Sie brauchen gar nicht zu wissen, wie diese am Ende aussehen wird, sondern nur *danach zu streben,* sie irgendwann einmal zu finden. Seien Sie dankbar für jeden Schritt, der Sie Ihren Zielen näherbringt.

Möchten Sie etwas Spezielles haben? Ein neues Wasserbett, einen roten Pullover, ein neues Auto, längeres Haar oder längere Fingernägel? Dann begreifen Sie die jeweilige Sache als Ihr Ziel. Möchten Sie irgendwohin reisen — innerhalb Europas, nach Südamerika vielleicht — oder einfach wieder einmal in den Zirkus gehen? Sehnen Sie sich nach einer liebevollen, gesunden Beziehung? Gibt es etwas, das Sie immer schon tun wollten — zum Beispiel die Abendschule besuchen, für eine bestimmte Firma arbeiten, jedes Jahr viel Geld verdienen? Dann machen Sie daraus ein Ziel. Müssen Sie über Ihre berufliche Laufbahn entscheiden? Nun, so setzen Sie sich diese Entscheidung als Ziel. Möchten Sie zu Ihrer Höheren Macht einen engeren Kontakt haben? Es bleibt Ihnen überlassen, dies als Ziel anzuvisieren.

Möchten Sie etwas bei sich ändern — und zum Beispiel lernen, nein zu sagen, einen wichtigen Entschluß fassen oder alte Wutgefühle abbauen? Wollen Sie Ihre Beziehungen zu bestimmten Menschen — zu den Kindern oder zum Partner, zu Freunden oder zu einem Verwandten — verbessern? Haben Sie vor, neue Beziehungen aufzubauen, Gewicht zu verlieren, Gewicht zuzulegen, sich keine Sorgen mehr zu machen, nie wieder Kontrolle auszuüben? Wollen Sie lernen, wie man Spaß hat oder den Sex genießt, wollen Sie eine gewisse Person oder einen besonderen Vorfall endlich akzeptieren oder jemand anders verzeihen? Nur zu: Legen Sie einen oder mehrere dieser Punkte als Ziel fest.

Ich bin fest davon überzeugt, daß wir jeden Aspekt unseres Lebens erfolgreich in ein Ziel »umwandeln« können. Wenn Sie etwas stört, dann formulieren Sie ein Ziel, mit dem die Störung beseitigt wird. Wenn Sie erkennen, daß sich bei Ihnen etwas ändern muß, dann fassen Sie dieses Etwas als Ziel ins Auge. Und wenn Sie die Änderung wirklich wollen, dann nehmen Sie sogar diesem Wunsch als Ziel.

Unterlassen Sie dieses »Ich sollte, könnte, müßte ...« Es gibt genügend von solchen Konjunktiven, die über unser Leben bestimmen. Wir brauchen Sie nicht für unsere Ziele. Nehmen Sie sich also vor, mindestens 75 Prozent dieser immer wieder benutzten Formeln loszuwerden.

Schränken Sie nicht Ihre Möglichkeiten ein. Bemühen Sie sich stets ums Ganze — um alles, was Sie brauchen und wollen, um sämtliche Probleme, die Sie lösen möchten, um all Ihre Wünsche und sogar um einige Ihrer Launen. Seien Sie unbesorgt. Wenn Sie etwas nicht bekommen sollen, dann wird es Ihnen auch nicht zuteil. Wenn Sie es jedoch bekommen sollen, dann haben Sie, wie ich glaube, eine größere Chance, daß dies auch tatsächlich geschieht, wenn Sie die betreffende Sache als unmittelbares Ziel betrachten.

Schreiben Sie Ihre Ziele auf ein Blatt Papier. Diese Methode, die eigenen Ziele kurz zu notieren, anstatt sie sich nur flüchtig zu merken, besitzt eine außerordentliche Wirkung. Sie machen sich dadurch weniger Sorgen und können Ihre Ziele näher ins Auge fassen und besser ordnen. Zudem wird so Ihre Energie schneller in die richtige Richtung gelenkt und Ihre Verbindung zur Höheren Macht leichter hergestellt. Sie brauchen Ihre Ziele weder in fein säuberlicher, vollendeter Form festzuhalten noch besondere Ausdrücke oder großartige Stilmittel zu benutzen. Fixieren Sie Ihre Ziele einfach auf dem Papier, und zwar *alle.*

Vertrauen Sie Ihre Ziele Gott an. Sagen Sie Gott, welche Dinge für Sie von Belang sind, erbitten Sie Seine Hilfe, und fügen Sie sich dann demütig Seinem Ratschluß. Dieser Vorgang wird zusammengefaßt in der Wendung: *Dein Wille geschehe — nicht meiner.*

Lassen Sie los. Bleiben Sie mit Ihren Zielen in engem Kontakt, so daß Sie sie sozusagen aus der Nähe betrachten können, wann immer es nötig ist. Aber machen Sie sich nicht ständig Sorgen darüber, wie oder wann oder ob sie erreicht werden — oder was wäre, wenn ... Einige schlagen vor, wir sollten unsere Ziele täglich überprüfen. Ich halte das nicht für angebracht — außer bei jenen Zielen, die wir uns jeden Tag setzen. Aber Sie können natürlich so verfahren, wie es Ihnen richtig erscheint. Sobald meine Ziele auf einem Blatt Papier stehen, versuche ich jedenfalls, nichts zu kontrollieren und nichts zu erzwingen.

Tun Sie das, wozu Sie imstande sind, und zwar Tag für Tag. Sie sollten im Rahmen eines 24-Stunden-Tages nicht mehr und nicht weniger tun als das, was angemessen und akzeptabel ist. Führen Sie Gottes Willen in bezug auf den gegenwärtigen Tag aus. Beschäftigen Sie sich mit solchen Dingen, zu denen Sie große Lust haben. Erledigen Sie das, was gerade ansteht und getan werden muß. Verrichten Sie diese Aufgaben mit innerer Ruhe und unerschütterlichem Glauben. Empfinden Sie Dankbarkeit dabei. Wunderbare Kleinodien können auf Ihrem Weg liegen — und Ihnen auch zuteil werden. Bemühen Sie sich. Sie müssen Ihren Beitrag leisten. Ich glaube allerdings, daß wir dazu am besten imstande sind, *wenn wir einen Tag nach dem anderen* bewältigen. Wir wissen schon, wann es soweit ist, eine spezielle Sache in Angriff zu nehmen. Und wenn die Zeit gekommen ist, daß etwas Bestimmtes geschieht, dann wird es auch geschehen. Haben Sie nur Vertrauen zu sich selbst und zu Gott.

Setzen Sie sich Ihre Ziele regelmäßig und je nach Bedarf. Zu Beginn eines jeden neuen Jahres lege ich gern meine Ziele für die kommenden zwölf Monate fest. Dadurch mache ich mir deutlich, daß ich gerade auch in diesem Jahr meinem eigenen Leben verpflichtet bin. Ich halte nichts von guten Vorsätzen zum neuen Jahr — ich glaube an Ziele. Außerdem schreibe ich sie dann während des Jahres auf, sobald sie mir in den Sinn kommen. Wenn ich mit einem Problem konfrontiert bin, ein Bedürfnis entdecke oder einen neuen Wunsch habe, mache ich ein Ziel daraus, das auf meine Liste kommt. Darüber hinaus benutze ich Ziele, um längere Krisenzeiten, in denen ich zweifle und unsicher bin, besser zu überstehen. Dann fixiere ich all jene Dinge schriftlich, die ich täglich, wöchentlich oder monatlich nicht nur zustande bringen möchte, sondern auch wirklich erledigen muß.

Haken Sie die erreichten Ziele ab. Ja, Sie werden jetzt allmählich einzelne Ziele erreichen. Ihre Bedürfnisse werden befriedigt, und Ihre Wünsche gehen in Erfüllung. Sie werden gewisse Dinge schaffen, die Ihnen wichtig sind. Wenn das der Fall ist, dann streichen Sie das betreffende Ziel von der Liste, beglückwünschen Sie sich selbst und danken Sie Gott. Sie werden dadurch sich selbst, dem Akt der

Zielsetzung als solchem, der Höheren Macht und dem Rhythmus des Lebens viel mehr vertrauen. Sie werden für sich selbst erkennen, daß das Gute tatsächlich seinen Platz hat im Leben.

Manchmal erleben wir auch eine Enttäuschung, sobald ein bestimmtes Ziel erreicht ist; zumal dann, wenn es einen hohen Stellenwert besaß, viel Kraft von uns forderte oder mit einer Art Wunder gleichgesetzt wurde. Solche Wunschvorstellungen äußern sich etwa folgendermaßen: *Von dem Augenblick an, da dieses Problem gelöst ist, werde ich rundum glücklich sein.* Oder: *Ich werde ein glückliches Leben führen, wenn ich erst ein Wasserbett habe.* Um nicht enttäuscht zu werden, ist es wichtig, eine lange Liste mit Zielen zu haben und derartige Wunschvorstellungen von vornherein auszuschließen. Keines der Ziele, die ich bisher erreichte, keines der Probleme, das ich soweit lösen konnte, hat je bewirkt, daß ich von da an immer nur glücklich war. Das Leben geht weiter, und ich versuche, *von Tag zu Tag* in den Genuß eines glücklichen und friedlichen Lebens zu kommen.

Vielleicht wird uns immer eine Reihe von Problemen zu schaffen machen, die wir in Ziele »umwandeln« müssen. Und wahrscheinlich werden wir nie ohne Bedürfnisse und Wünsche sein. Aber abgesehen davon, daß dieser Zielsetzungsprozeß das Leben angenehmer gestaltet, trägt er auch dazu bei, angesichts des Auf und Ab des Lebens und all seiner herrlichen Güter einen festen Glauben und eine tiefe Dankbarkeit zu entwickeln. Immer wieder tauchen Schwierigkeiten auf — und werden irgendwie aus dem Weg geräumt. Bedürfnisse und Wünsche werden plötzlich bewußt wahrgenommen — und die unterschiedlichsten Gaben fallen einem zu. Träume werden geboren — und erfüllen sich. Bestimmte Dinge geschehen, auch und vor allem positive. Und dann stehen wir wieder vor ungelösten Aufgaben, die vielleicht noch größer sind ... Aber das alles ist in Ordnung.

Haben Sie Geduld. Vertrauen Sie auf Gottes Zeitplan. Streichen Sie keinen Punkt von der Liste, nur weil Sie etwas Bestimmtes nicht in der Weise erreicht oder bekommen haben, wie es Ihrer Meinung nach hätte sein *sollen:* Diese entsetzlichen Konjunktive untergraben alle Lebensbereiche. Zuweilen verfolge ich ein bestimmtes Ziel über längere Zeiträume hinweg. Wenn ich zu Beginn des Jahres meine Ziele abstecke und niederschreibe, blicke ich auf das vor mir liegende Blatt und denke: *Oh, dieses Problem wird anscheinend niemals gelöst werden. Es ist bereits jahrelang auf meiner Liste. Und dieser Traum muß wohl für immer unerfüllt bleiben. Vier Jahre hintereinander steht er schon da. Außerdem werde ich, wie es aussieht, nie fähig sein, diesen einen Charakterfehler zu beseitigen.* — Aber das stimmt nicht. Denn all diese Dinge sind ganz einfach *noch nicht* geschehen.

Alles geschieht zu seiner Zeit — nämlich dann, wenn wir und die Welt und Gott dazu bereit sind. Verzichten Sie. Lassen Sie los. Aber halten Sie trotzdem alles Wichtige auf Ihrer Liste fest.

Wir müssen *uns* zuliebe Ziele setzen. Fangen Sie heute damit an — sobald Sie dieses Buch zur Seite legen. Wenn Sie meinen, überhaupt keine Ziele zu haben, sollte Ihr erstes Ziel sein, sich »einige Ziele zu besorgen«. Wahrscheinlich wird das nicht der Anfang eines ausschließlich glücklichen Lebens sein, aber Sie werden mit der Zeit bestimmt ein frohes, sinnvolles und dankbares Leben führen.

Kommunikation

Wenn wir das Gefühl, benachteiligt zu werden, durch das Gefühl ersetzen, viel Gutes verdient zu haben, wird uns auch die Bedeutung eines respektvollen geistigen Austauschs bewußt.

Diese Kommunikation ist nicht geheimnisumwittert. Die Wörter, die wir aussprechen, spiegeln unsere Persönlichkeit wider: unsere Gedanken, Urteile, Gefühle und Werte; unsere Hochachtung und unsere Liebe, unseren Haß und unsere Angst; unsere Sehnsucht und unsere Hoffnung; unseren Glauben und unsere inneren Pflichten.

Klar und offen zu sprechen ist nicht schwer, sondern wirklich einfach und manchmal sogar lustig. Fangen Sie damit an, daß Sie sich klarmachen: Es ist gut, der Mensch zu sein, der ich bin. Meine Gefühle und Gedanken sind ganz in Ordnung. Meine Meinung zählt. Es ist durchaus o.k., wenn ich über meine Probleme spreche. Und es ist auch nichts dabei, wenn ich nein sage.

Sie sind *fähig*, nein zu sagen, wann immer Sie wollen. Das ist leicht. Sagen Sie es jetzt. Zehnmal. — Sehen Sie, wie gut das ging? Übrigens können auch die anderen Menschen nein sagen. Das Leben wird einfacher, wenn wir alle die gleichen Rechte haben. Wann immer Ihre Antwort negativ ist, sollte sie auch mit *Nein* beginnen, anstatt mit: *Ich glaube nicht, daß* ... oder mit *Vielleicht* ... oder mit irgendwelchen anderen unschlüssigen Phrasen.

Sagen Sie, was Sie wirklich meinen, und meinen Sie wirklich, was Sie sagen. Wenn Sie nicht wissen, was Ihre Ansicht ist, dann schweigen Sie und denken darüber nach. Wenn Sie erwidern wollen: *Ich weiß nicht,* dann sagen Sie auch: *Ich weiß nicht.* Lernen Sie, sich präzise auszudrücken. Schweifen Sie im Gespräch mit anderen nicht mehr ewig weit ab. Kommen Sie zur Sache, und wenn Sie Ihren Standpunkt vertreten haben, dann lassen Sie es dabei bewenden.

Sprechen Sie über Ihre Probleme. Wir verhalten uns nicht illoyal gegenüber einem Menschen, wenn wir ihm zu verstehen geben, wer wir sind und mit welcher Art von Problemen wir zu tun haben. Aber wir machen ihm etwas vor, wenn wir *nicht* so sind, wie wir sind. Teilen Sie also Ihre Geheimnisse jenen treuen Freunden mit, die solche Botschaften nicht gegen Sie verwenden oder Sie in irgendeiner Weise beschämen. Wir können ganz vernünftig entscheiden, mit wem wir sprechen möchten, was wir unserem Gegenüber alles mitteilen und wann dies geschehen soll.

Geben Sie Ihren Gefühlen Ausdruck, und zwar in offener, ehrlicher, angemessener und verantwortungsbewußter Weise.

Lassen Sie zu, daß andere das gleiche tun. Bringen Sie sich vor allem diese zwei Wörter bei: *Ich fühle.* Gestatten Sie den anderen, diese Wörter ebenfalls zu sagen, und hören Sie dann genau zu.

Wir können sagen, was wir denken. Lernen Sie den Ausspruch: *Das ist meine Auffassung.* Unsere Meinungen dürfen sich von denen der anderen ruhig unterscheiden. Das bedeutet nicht, daß wir unrecht haben. Weder sind wir noch die anderen Menschen dazu gezwungen, die eigenen Ansichten zu ändern, solange keiner von uns dies wirklich möchte.

Wir können uns sogar irren und etwas Verkehrtes sagen. Das ist nicht weiter schlimm.

Wir können offen aussprechen, was wir erwarten — aber ohne dabei zu verlangen, daß sich die anderen jetzt ändern, um unseren Bedürfnissen gerecht zu werden. Sie können ihrerseits sagen, was sie sich erhoffen, wobei auch wir uns nicht ändern müssen, um es ihnen recht zu machen; es sei denn, wir haben den Wunsch dazu.

Wir können unsere Bedürfnisse und Wünsche zum Ausdruck bringen. Prägen Sie sich diese Worte genau ein: *Das brauche ich von dir. Und dies möchte ich gerne von dir haben.*

Wir können die Wahrheit sagen. Wenn wir die eigenen Gedanken, Gefühle oder Wünsche bewußt falsch darstellen, so ist das kein Akt der Höflichkeit, sondern schlicht und ergreifend eine Lüge.

Wir brauchen uns nicht von den Aussagen anderer Menschen beeinträchtigen zu lassen. Und wir sollten mit unseren Worten oder wirkungsvollen Redeweisen nicht versuchen, Kontrolle über sie auszuüben. Weder müssen wir uns manipulieren und nötigen lassen noch uns schuldig und zu irgend etwas gezwungen fühlen. Wir können vielmehr den Mund aufmachen und uns um die eigenen Belange kümmern! Merken Sie sich Sätze wie: *Ich liebe dich, aber ich liebe mich auch. Gerade dies letztere ist sehr wichtig, damit ich fürsorglich mit mir selbst umgehe.*

Wir können uns behaupten und für uns eintreten, ohne aggressiv oder verletzend zu sein. Lernen Sie zu sagen: *Bis hierher und nicht weiter. Das ist für mich der äußerste Punkt. Darüber hinaus werde ich nichts tolerieren.* Und meinen Sie auch das, was Sie sagen.

Wir können den anderen unser Mitgefühl und Interesse zeigen, ohne gleich den Retter spielen zu wollen. Sagen Sie einfach: *Sieht so aus, als hättest du ein Problem. Brauchst du etwas von mir?* Oder: *Es tut mir leid, daß du mit solchen Schwierigkeiten konfrontiert bist.*

Dann lassen Sie die ganze Angelegenheit wieder los. Sie müssen sie nicht bereinigen.

Auch wir können die eigenen Probleme und Gefühle mit anderen besprechen, ohne von ihnen großartige Rettungsversuche zu erwarten. Wir sind einfach damit zufrieden, daß man uns zuhört. Wahrscheinlich wollten wir sowieso nichts weiter als das.

Nehmen Sie sich selbst ernst. Aber gleichen Sie diese Einstellung mit einem gesunden Sinn für Humor aus — und Sie werden sich keine Sorgen darüber machen müssen, was ein anderer tut oder unterläßt.

Achten Sie darauf, was die Leute sagen oder nicht sagen. Lernen Sie, in sich selbst hineinzuhören, den Ton Ihrer Stimme wahrzunehmen, die Worte, die Sie wählen, die Art und Weise, wie Sie sich ausdrücken, und die Gedanken, die Ihnen durch den Kopf gehen. Werden Sie sich Ihrer Sprache mehr und mehr bewußt.

Das Gespräch ist ein Mittel zur Verständigung, aber auch ein Vergnügen. Wir sprechen, um uns auszudrücken und um gehört zu werden. Dadurch können wir uns selbst und auch die anderen besser verstehen und ihnen leichter bestimmte Botschaften zukommen lassen. Manchmal reden wir, um Nähe und Intimität herzustellen. Vielleicht haben wir gar nicht immer etwas Weltbewegendes zu sagen, aber wir möchten mit den Menschen in Verbindung treten. Wir wollen die Kluft zwischen uns und ihnen überwinden. Wir sind bestrebt, uns mitzuteilen und engeren Kontakt zu haben. Und manchmal sprechen wir, um einfach Spaß zu haben — um zu spielen, zu genießen, zu necken und zu unterhalten.

Es gibt Zeiten, da wir sprechen, um unser Wohlergehen zu gewährleisten — um klarzustellen, daß wir uns nicht tyrannisieren und mißhandeln lassen, daß wir uns selbst lieben und Entscheidungen getroffen haben, die zu unserem Besten sind. Hin und wieder kommt es auch vor, daß wir einfach nur reden um des Redens willen.

Wir müssen uns verantwortlich fühlen für eine gesunde Kommunikation. Die Worte, die Sie benutzen, sollen Ihre hohe Achtung vor sich selbst und vor anderen Menschen widerspiegeln. Seien Sie ehrlich. Direkt. Offen. Seien Sie sanft und liebevoll, wenn es angebracht ist. Seien Sie standhaft, wenn die Situation es erfordert. Seien Sie vor allem so, wie Sie sind, und sagen Sie, was Sie sagen müssen.

Sprechen Sie die Wahrheit in liebevoller und würdiger Weise aus — so, wie Sie sie auffassen, empfinden, kennen —, und die Wahrheit wird Sie frei machen.

Wie man Entscheidungen trifft

Was sollte ich *Ihrer* Meinung nach tun?« fragte mich eine Frau, die meine therapeutische Hilfe in Anspruch nahm.

»Was glauben *Sie* denn?« erwiderte ich.

»Das fragen Sie *mich?*« entgegnete sie. »Im Lebensmittelgeschäft brauche ich ungefähr fünfzehn Minuten, um herauszufinden, ob ich ein Bleichmittel zu 59 Cent oder eines zu 63 Cent kaufen soll. Ich kann nicht die winzigste Entscheidung treffen. Wie können Sie da von mir erwarten, daß ich eine so gewichtige wie diese treffe?«

Viele von uns haben kein Vertrauen in ihr Denkvermögen. Wir können deshalb sehr gut verstehen, wie schrecklich diese Unentschlossenheit ist. Schon die geringste Entscheidung paralysiert uns — ob es nun darum geht, im Restaurant etwas zu bestellen, oder darum, ein bestimmtes Bleichmittel zu kaufen. Und die großen, wichtigen Entscheidungen — soweit sie etwa die Lösung unserer Probleme betreffen oder die Frage, was wir mit dem eigenen Dasein anfangen und mit welchem Menschen wir zusammenleben sollen — überfordern uns erst recht. Viele von uns werfen einfach das Handtuch und lehnen es ab, über diese Dinge sich noch weiter den Kopf zu zerbrechen. Einige wiederum überlassen es anderen Menschen oder gewissen Umständen, die jeweiligen Entscheidungen für sie zu treffen.

Aus einer ganzen Reihe von Gründen verlieren wir manchmal das Vertrauen in unsere Fähigkeit, einmal etwas genauer nachzudenken und die entsprechenden Folgerungen zu ziehen. Wenn wir alle möglichen Lügen glauben, uns selbst etwas vormachen (also *verdrängen*), völlig chaotisch leben, dauernd im Streß sind, eine nur geringe Selbstachtung haben und im Herzen viele unterdrückte Gefühle herumtragen, kann unsere Denkfähigkeit durchaus vermindert sein. Wir werden allmählich konfus. Das heißt aber noch lange nicht, daß wir nicht denken *können*.

Überreaktionen beeinträchtigen möglicherweise unsere Denkfunktionen. Und unsere innere Entschlossenheit wird oft gerade dadurch gehemmt, daß wir besorgt sind, was die anderen wohl denken; daß wir uns einreden, perfekt sein zu müssen, und uns ständig antreiben. Irrtümlich glauben wir, daß wir keine *falsche* Wahl treffen dürfen, daß wir nie wieder eine weitere Chance bekommen und daß alle Welt uns nur wegen dieser einen Entscheidung immer wieder kritisieren wird. Aber wir brauchen uns nicht in dieser Weise weh zu tun.

Wenn wir uns selbst hassen, uns noch dazu weismachen, zu keiner brauchbaren Entscheidung fähig zu sein, und dann jedesmal, wenn eine solche ansteht, alle möglichen Vorbehalte in Form von *Ich sollte vielleicht* ... äußern, werden dadurch unsere Denkprozesse auch nicht gerade unterstützt.

Wenn wir unsere Bedürfnisse und Wünsche mißachten und uns zu verstehen geben, daß alles, was wir ersehnen, verkehrt sei, werden wir um jene Informationen betrogen, die wir brauchen, um richtige Entscheidungen treffen zu können. Hinterher dann auf gut Glück zu entscheiden oder sich in »Was-wäre-wenn-Vorstellungen« zu ergehen hilft auch nicht weiter. Vielmehr müssen wir lernen, uns selbst zu lieben, zu vertrauen und zuzuhören.

Vielleicht haben wir unseren Verstand falsch eingesetzt, um uns immer nur Sorgen zu machen und zwanghaften Gedanken nachzuhängen, so daß er jetzt müde ist, übermäßig beansprucht und angefüllt mit ängstlichen Überlegungen. Daher lernen wir von nun an, solche Denkmuster ebenfalls zu beseitigen.

Es kann gut sein, daß wir den Glauben an unsere Fähigkeit, nachzudenken und heilsame Entscheidungen zu treffen, auch deshalb verloren haben, weil die anderen uns sagten, wir seien dazu nicht in der Lage. Unsere Eltern haben das vielleicht auf direkte oder indirekte Weise getan, als wir noch Kinder waren. Unter Umständen haben sie uns eingetrichtert, wir wären ganz einfach dumm. Vielleicht haben sie uns alle Entscheidungen abgenommen, immer Kritik geübt, wenn wir unsere eigene Wahl trafen, oder uns völlig durcheinandergebracht, als sie sich weigerten, unser Denkvermögen anzuerkennen, sobald wir sie auf die Probleme zwischen ihnen und uns aufmerksam machten.

Manche Leute mögen sich abschätzig über die Intelligenz von Frauen ausgelassen haben, aber das ist Unsinn. Frauen sind ebenso zum Denken fähig wie Männer. Und auch Kinder können denken.

Ja, wir besitzen die Gabe des Denkens. Unser Verstand arbeitet gut. Wir können vieles begreifen — und zum Beispiel herausfinden, was wir im geeigneten Moment tun wollen oder müssen. Darüber hinaus können wir Entscheidungen treffen, die unsere Selbstachtung erhöhen. Eine dankbare Einstellung besteht zum großen Teil darin, daß wir unseren Verstand zu würdigen wissen.

Wir haben das Recht auf eigene Meinungen! Und in der Tat besitzen wir ja auch einige davon. Wir können rational und zweckmäßig denken. Wir verfügen über die Kraft, uns selbst und unsere Gedanken richtig einzuschätzen, so daß wir diese dann korrigieren können, wenn sie irrational oder gar katastrophal werden.

Wir können außerdem unser Verhalten

richtig beurteilen und entscheiden, was wir brauchen und wollen. Wir können die eigenen Probleme erkennen und Möglichkeiten zu ihrer Lösung ausfindig machen. Wir können kleine und große Entscheidungen treffen. Vielleicht fühlen wir uns deprimiert, wenn wir vor Entscheidungen stehen oder Schwierigkeiten aus dem Weg räumen müssen, aber das ist vollkommen normal. Manchmal müssen wir frustriert sein, damit der geistige Durchbruch gelingen kann. All das ist Teil des Lebens- und Lernprozesses.

Vergessen Sie nicht: Ihre Entscheidungen müssen nicht im Idealzustand getroffen werden. Und auch wir selbst müssen nicht perfekt sein, nicht einmal annähernd. Wir können einfach so sein, wie wir sind. Wir dürfen bei unseren Entscheidungen ruhig Fehler machen. Wir sind nicht so zerbrechlich, daß wir mit einem Irrtum nicht fertig werden könnten. Er ist nicht weiter tragisch, sondern gehört zum Leben dazu. Wir können dann aus ihm lernen und ganz einfach eine andere Entscheidung treffen.

Wir sind sogar fähig, unsere Meinung zu

ändern. Vielleicht ändern Sie sie ein zweites Mal — und etwas später schon wieder. Es kann sein, daß wir dauernd hin und her schwanken. Auf diese Weise finden wir heraus, wohin unser Weg führt. Ein solches Verhalten ist nicht nur in Ordnung und völlig normal — es ist für uns oft notwendig.

Die folgenden Vorschläge mögen Ihnen helfen, Ihren geistigen Fähigkeiten mehr und mehr zu vertrauen:

Gönnen Sie Ihrem Verstand ein gewisses Maß an Ruhe. Gewinnen Sie inneren Abstand. Seien Sie ganz gelassen. Egal, ob Sie vor einer kleineren oder größeren Entscheidung stehen: Kommen Sie zunächst einmal zur Ruhe, und treffen Sie dann Ihre Wahl. Falls Sie dazu an einem bestimmten Tag absolut nicht imstande sind, so ist offensichtlich der Zeitpunkt noch nicht günstig. Wenn alle Umstände harmonisch zueinander passen, werden Sie auch die Kraft haben zur Entscheidung und diese dann geschickt in Angriff nehmen.

Bitten Sie Gott, daß er Ihnen beim Nachdenken behilflich ist. Ich bitte Ihn, mir die richtigen Gedanken, Worte oder Taten zu übermitteln. Ich ersuche Ihn, Seine Eingebungen und Unterweisungen empfangen zu dürfen. Ich glaube fest daran, daß Er wirklich hilft. Ich weiß es. Aber er erwartet von mir, daß ich meinen Teil beitrage und ernsthaft nachdenke. An einigen Tagen geht das besser als an anderen.

Hören Sie auf, Ihren Verstand zu mißbrauchen. Sorgen und Obsessionen stellen einen Mißbrauch geistiger Kräfte dar. Verhindern Sie solch quälende Gedanken.

Geben Sie Ihrem Verstand Nahrung. Versorgen Sie ihn mit Informationen. Unterrichten Sie sich, soweit es nötig ist, über gewisse Entscheidungen und Probleme — ob diese nun mit der körperlichen und geistigen Gesundheit, mit zwischenmenschlichen Beziehungen oder einfach nur mit dem Kauf eines Computers zu tun haben. Geben Sie Ihrem Verstand eine angemessene Datenmenge ein, und sichten Sie dann das vorhandene Material. Am Ende werden Sie über die richtigen Antworten und passenden Lösungsvorschläge verfügen.

Füttern Sie Ihren Verstand mit gesunden Gedanken. Geben Sie sich solchen Aktivitäten hin, die der geistigen Erbauung dienen, und laden Sie die innere Batterie mit positiven Kräften auf. Lesen Sie jeden Morgen in einem Meditationsbuch. Finden Sie etwas, das Ihnen den Gedanken eingibt: *Ich schaffe es* — anstatt: *Ich bin unfähig.*

Fordern Sie Ihren Verstand. Viele von uns machen sich so viele Sorgen über die eigenen Probleme und die der anderen, daß sie aufhören, Zeitung zu lesen, Dokumentarfilme anzuschauen, Bücher zu studieren und neue Dinge zu lernen. Interessieren Sie sich für die Welt, die Sie umgibt. Eignen Sie sich neues Wissen an. Nehmen Sie Unterricht.

Sagen Sie nichts Schlechtes mehr über Ihren Verstand. Wie ich bereits ausgeführt habe, können wir jetzt aufhören, uns selbst herabzuwürdigen durch negative Botschaften wie: *Ich bin dumm. Ich kann nicht die richtigen Entscheidungen treffen. Ich bin wirklich nicht sehr hell im Kopf. Ich war noch nie besonders fähig, bestimmte Probleme zu lösen. Ich kapituliere meistens vor wichtigen Entscheidungen.* Es ist genauso einfach, positive Dinge über sich selbst zu sagen wie negative. Und Sie werden wahrscheinlich bald an die positiven glauben und feststellen, daß sie stimmen. Ist das nicht aufregend?

Gebrauchen Sie Ihren Verstand. Treffen Sie Entscheidungen. Formulieren Sie Ihre Meinungen. Drücken Sie sie aus. Seien Sie schöpferisch! Denken Sie über einige Dinge sehr genau nach, aber ohne sich Sorgen zu machen oder zwanghafte Vorstellungen zu entwickeln. Wir brauchen nicht zuzulassen, daß jemand anders unsere Entscheidungen trifft, es sei denn, wir stehen unter Vormundschaft. Und selbst wenn dies der Fall ist, so können wir trotzdem nachdenken und gewisse Dinge auswählen.

Wenn wir den anderen das Recht geben, für

uns zu entscheiden, heißt das, daß sie unsere Retter sind und wir uns als Opfer fühlen. Aber wir sind keine Opfer. Darüber hinaus ist es nicht unsere Aufgabe, anderen Erwachsenen die Entscheidung abzunehmen. Wir können unsere Denkkraft in Besitz nehmen, sie wirklich schätzen lernen — und den anderen zugestehen, daß sie ihrerseits für ihr Denken verantwortlich sind. In dem Maße, wie wir uns innerlich besser fühlen und anfangen, größere wie kleinere Entscheidungen selbst zu treffen, gewinnen wir auch mehr Selbstvertrauen. Und die Menschen in unserer Nähe entwickeln sich weiter, gedeihen besser, sobald sie selbst wählen und Fehler machen dürfen.

Sie können sich wohl fühlen mit Ihrem Denken. Werden Sie näher mit ihm vertraut. Es gehört zu Ihnen, und Ihr Verstand funktioniert. Glauben Sie an ihn und an seine Fähigkeiten.

Erwarten Sie das Positive

Ich hoffe, meine Überlegungen und Vorschläge werden Ihnen helfen, die guten Dinge des Lebens zu erhoffen und zu bekräftigen — für sich selbst und für Ihre Lieben.

Wenn Sie sich fragen, was die Zukunft wohl bringen mag, dann machen Sie sich klar, daß Ihnen das Beste zuteil wird, was das Leben und die Liebe zu offerieren haben, das Beste, was von Gott und aus dem Weltall kommen kann. Öffnen Sie dann Ihre Hände, um es zu empfangen. Erheben Sie Anspruch auf diese Dinge, und sie werden Ihnen gehören.

Vergegenwärtigen Sie sich die wunderbaren und unermeßlichen Inhalte Ihres Denkens. Stellen Sie sich vor, wie sie beschaffen sein mögen, wie sie sich anfühlen. Konzentrieren Sie sich darauf, bis Sie alles deutlich vor Augen haben. Lassen Sie Ihr ganzes Sein, Körper und Seele, in dieses Bild einfließen, und halten Sie es für einen Moment fest.

Und dann lassen Sie es wieder los. Kehren Sie in die Gegenwart, ins Jetzt, zurück. Seien Sie nicht besessen. Haben Sie keine Angst. Empfinden Sie eine gesunde innere Spannung, durch die das Leben immer neu und anders erscheint. Kosten Sie den heutigen Tag voll aus, und zeigen Sie sich dankbar für alle Entwicklungen Ihrer Persönlichkeit, aus denen Sie früher schöpfen konnten, die Sie heute durchlaufen und die Ihnen auch künftig sicher sind.

Sagen Sie *danke* für alles — und erwarten Sie das Positive.

HAZELDEN MEDITATIONSBÜCHER

Gedanken, die weiterführen.
Spirituelle Begleiter
für jeden Tag.
Lebenshilfe in neuer Dimension.

JEDER TAG EIN
NEUER ANFANG
Tägliche Meditationen
für Frauen
400 Seiten
12 s/w-Illustrationen
Broschur
ISBN 3-453-02850-3

BERÜHRUNGS-
PUNKTE
Tägliche Meditationen
für Männer
400 Seiten
12 s/w-Illustrationen
Broschur
ISBN 3-453-02851-1

TAGE DER HEILUNG
TAGE DER FREUDE
Tägliche Meditationen zur Selbstfindung
400 Seiten
Broschur
ISBN 3-453-04376-6

Wilhelm Heyne Verlag
München